ÉTAT COMMERCIAL

DE

LA FRANCE,

AU COMMENCEMENT

DU DIX-NEUVIÈME SIECLE.

TOME III.

ÉTAT COMMERCIAL

DE

LA FRANCE,

AU COMMENCEMENT

DU DIX-NEUVIÈME SIECLE;

OU

Du Commerce français, de ses anciennes erreurs et des améliorations dont il est susceptible.

PAR J. BLANC DE VOLX.

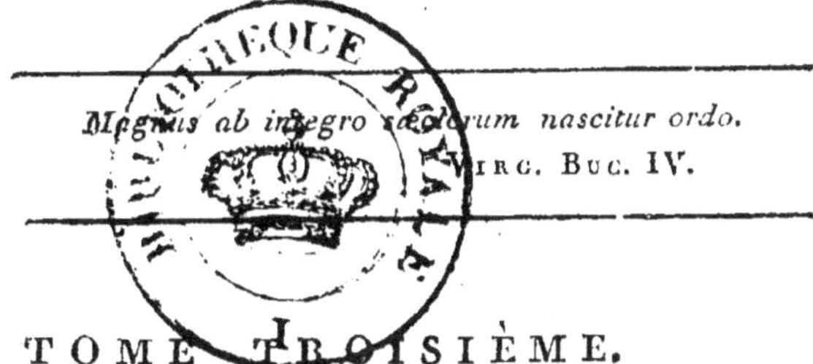

TOME TROISIÈME.

A PARIS,

Chez Treuttel et Würtz, libraires, quai Voltaire, N°. 2. Et à Strasbourg, Grand'rue, n°. 15.

AN XI. — 1803.

ÉTAT COMMERCIAL

DE

LA FRANCE,

AU COMMENCEMENT

DU DIX-NEUVIÈME SIÈCLE.

CHAPITRE XIV.

Des douanes, droits d'entrée et de sortie, tarifs, transits et prohibitions.

SECTION PREMIÈRE.

Système des douanes.

LE système des douanes est à coup sûr la partie la plus délicate de la législation commerciale ; c'est celle qui demande le plus d'habileté, la surveillance la plus scrupuleuse, le plus de consistance dans les principes, et cependant le plus de flexibilité, et peut-être de variations , sinon

dans l'exercice du droit, du moins dans l'application à en faire.

Je n'entrerai point dans le dédale inex-
tricable du système douanier ; un pareil
travail est trop étranger à mon sujet et trop
au dessus de mes forces, pour que je l'en-
treprenne. Je me bornerai à indiquer quelques principes généraux, et à déterminer
soit en bien, soit en mal, les effets que
leur application produit sur le commerce.

Quelques écrivains de nos jours ont trop
confondu les droits de douane avec les
impôts ; c'est une erreur qu'il importe de
rectifier, en établissant la ligne de dé-
marcation qui les sépare, et qui leur as-
signe des fonctions comme des motifs différens.

Il est dans l'économie administrative
d'un état, trois sortes de droits ou de taxes
distincts les uns des autres ; savoir, les
impôts, les octrois et les droits de douane.

1°. Les impôts sont ou directs, ou indirects, ou personnels : nous les avons dé-
veloppés dans le chapitre V : leur fonction
est de remplir les besoins de l'état et tous
les genres de dépenses publiques, auxquels

ils sont exclusivement appliqués, et auxquels ils doivent toujours suffire. Les deux pouvoirs législatif et exécutif peuvent seuls les établir et en déterminer la quotité.

2°. Les octrois sont un droit particulier imposé sur la consommation des denrées, pour subvenir aux dépenses particulières à chaque commune. Le gouvernement qui y est étranger, ne doit jamais toucher à leur produit; c'est un droit purement municipal que chaque commune doit fixer d'après ses besoins, qu'elle établit seule, qu'elle augmente ou qu'elle modifie suivant la nécessité ou les circonstances, sous l'autorisation du gouvernement ou de l'autorité qui le représente.

3°. Les droits de douanes sont des droits d'entrée, de sortie ou de consommation établis sur les marchandises étrangères ou nationales. Leur classification et leur quotité sont déterminées par le gouvernement suivant le besoin, la convenance et l'utilité. Le but de leur institution, étranger à la fiscalité, n'a jamais pu être que de favoriser le commerce national. Le gouvernement qui en est le modérateur et l'arbitre, doit regarder comme sacrés les fonds qui en dérivent; et si la moindre fraction du droit est détournée au profit du fisc, c'est un larcin que l'on fait au commerce.

Ce système paraîtra peut-être un peu sévère de nos jours, mais il est le produit immédiat des principes qui doivent régir cette importante matière. Les douanes ont été instituées, 1°. pour protéger nos marins contre les pirates qui infestaient les mers, lorsque les Barbaresques, forbans universels, n'étaient encore assujettis à aucune sorte de droit public. 2°. Pour payer dans le Levant les contributions exigées sous le nom d'avanies, et pour acquitter les dépenses des agens français, que l'intérêt du commerce avait fait établir dans l'étranger; 3°. enfin, et c'était ici le but principal, pour protéger notre commerce contre les essais et les usurpations du commerce étranger.

Malheureusement on est forcé de reconnaître que depuis très-longtems, cet utile établissement avait été détourné du but salutaire de son institution, et que le génie de la fiscalité s'en était emparé pour se créer des ressources aux dépens même du commerce qu'il était destiné à protéger. De là cette multitude d'entraves, cette extension de gênes, cette ampliation de droits, qui, grévant constamment le commerce, comprimaient son action, arrêtaient ses essais et diminuaient ses profits, principale source de la prospérité publique.

J'ai établi, et j'ose insister sur ce principe positif, que les douanes ayant été instituées en faveur du commerce, c'est à son profit exclusif que doivent être consacrés les fonds qui en dérivent, et qu'on doit cesser enfin de les regarder comme une branche du revenu public. Les primes, les encouragemens, les faveurs à accorder aux agriculteurs, aux manufacturiers, aux négocians, aux navigateurs, suivant la mesure de leur utilité respective et de leurs découvertes, voilà l'emploi auquel leurs produits doivent être consacrés : le commerce ne doit jamais cesser de les regarder comme un fonds qui lui appartient. Que le gouvernement daigne revenir à ce principe conservateur ; qu'il en fasse l'essai pendant une seule année, et les profits qu'il en retirera lui feront desirer de le pratiquer toujours.

Les besoins de l'état, dit-on, obligent d'appliquer aux dépenses publiques les produits des douanes : mais si l'état a des besoins, le commerce en a-t-il moins? mais pense-t-on que les profits ou le signe des échanges si nécessaires au commerce, puissent jamais s'engouffrer impunément dans les coffres du fisc? Mais enfin les besoins de l'état peuvent-ils en aucun cas se remplir aux dépens de l'agent, qui seul peut un jour en diminuer la somme, et seul élever la recette au dessus de la dépense? Singulière ressource, en effet, que celle qui ne parvient à remplir momentanément les besoins du fisc, qu'en augmentant progressivement le déficit dans les années qui doivent suivre jusqu'au moment où l'on parviendra à l'impossibilité d'acquitter des charges toujours croissantes par des anticipations toujours progressives. Et certes, de toutes les anticipations les plus mortelles pour un état, sont celles qu'il établit sur les profits, sur les développemens du commerce, soit par les gênes, soit par les droits qu'il lui impose.

Le gouvernement a des besoins; la dépense excède la recette; eh bien! il a la
voie des impôts indirects; il a même celle
des emprunts : il peut y recourir plutôt
que de toucher aux produits des douanes,
et de neutraliser l'action du commerce,
qui peut seul un jour faire diminuer les
impôts, et rendre les emprunts inutiles. Si
la confiance trop resserrée encore par des
craintes pusillanimes ou plutôt par les
calculs de l'avarice, trompe les vœux du
gouvernement et trahit son espérance, les
droits indirects deviennent une ressource
aussi sage qu'assurée pour augmenter la
somme des contributions et les égaler aux
dépenses.

Ces droits, toujours proportionnels dans
leur répartition, sont avantageux dans tous
les tems, et peut-être sont aujourd'hui indispensables. Les premières autorités de
la République en sentent la nécessité, le
peuple s'y attend, les bons esprits le de-
sirent : eh bien! pourquoi hésiter? n'est-il
pas tems d'abjurer des craintes serviles et
de prendre enfin un parti salutaire pour
remplir le déficit du trésor, plutôt que

d'immoler les besoins du commerce à ceux de la finance ?

Que l'on daigne excuser ce mouvement de chaleur que m'arrache la conviction intime de nos erreurs passées, le tableau peu consolant de notre commerce, et peut-être le danger du système suivi depuis trop longtems . et introduit par l'ancien gouvernement de regarder les produits des douanes comme un revenu fiscal, et qu'on pouvait appliquer indifféremment à tous les genres de dépenses publiques, sans examiner si on pouvait les dérober impunément au commerce.

Mais, de ce que les douanes ont été établies pour favoriser le commerce national, il ne s'ensuit pas que les droits puissent en être établis d'une manière arbitraire. Nous avons vu ailleurs, que la sagesse de l'impôt se reconnaissait à la fidélité avec laquelle ceux qui y sont soumis peuvent l'acquitter, et que la modération dans le taux doit être son principal caractère : il en est précisément de même dans l'établissement des droits d'entrée et de sortie. En y assujettissant les marchandises diverses, suivant le danger de leur introduction et de leur sortie, il faut, avec une attention toujours scrupuleuse, déterminer le droit de façon, qu'assez élevé pour favoriser le commerce français, il ne soit jamais assez onéreux pour dégoûter les étrangers, et éloigner de nos ports les vaisseaux des puissances commerçantes.

Il est quelques principes positifs qu'une administration sage ne doit jamais perdre de vue.

1°. Les droits doivent être toujours modérés ; c'est leur principal caractère.

2°. On doit, le moins possible, en établir sur l'entrée des matières premières ; et quand l'intérêt commande de les assujettir à un droit quelconque, il ne peut jamais être trop léger.

3°. Même principe à suivre sur les sorties des marchandises manufacturées par l'industrie française.

4°. Les droits d'entrée les plus forts doivent porter sur les marchandises que le luxe seul peut consommer.

5°. Les droits trop élevés invitent à la fraude.

6°. Diminuer le tarif des droits augmente souvent les produits du fisc.

7°. De trop hauts droits, et la confusion dans le tarif qui les détermine, sont également nuisibles à notre commerce dans l'étranger.

Telles sont les bases essentielles d'un bon système de douanes. La plupart des gouvernemens paraissent, de nos jours, s'en être trop écartés, pour qu'il n'ait pas été nécessaire de les rappeler. Parmi les principaux états de l'Europe, il en est quatre : la Hollande, l'Espagne, l'Angleterre et la France, que l'on doit distinguer dans les principes qui dirigent leur administration douanière.

Prévoyante et sage dans son système, la Hollande a eu le bon esprit d'appliquer à ses douanes les principes modérateurs dont ses rivales se sont écartées. Connaissant par une longue expérience, que l'état qui gêne le moins le commerce est celui qui doit en espérer les plus grands profits, la minimité des droits qu'elle a su établir chez elle, n'a jamais, en aucun tems, effrayé les étrangers ni arrêté l'essor des nationaux :

le commerce y a pris les plus grands développemens, comme conséquence de cet
heureux système; et l'on ne verra peut-être
pas sans admirer sa sagesse, que dans les
années les plus brillantes du commerce
batave, la totalité des droits de douanes
s'est rarement élevée dans cette république
au dessus de six millions de florins.

Le système de l'Espagne est le plus
écrasant pour le commerce. Il est exclusivement dirigé par un génie fiscal. Cette nation,
d'ailleurs généreuse et loyale, a, dans
tous les tems, regardé les exemptions,
et même la modération des droits des
douanes, comme une cause destructive
des revenus publics. Le sujet espagnol,
garroté dans les liens de la fiscalité, ne
peut se livrer à aucune entreprise utile,
sans que l'action des douanes ne l'arrête
ou ne l'atteigne : aussi le commerce intérieur de cet état est nul, et la circulation y est d'autant plus circonscrite, que
presque toutes les marchandises, en passant d'une province à l'autre, sont soumises
à l'exercice des douanes. Pour opérer le
complément de ce système désastreux, le

gouvernement de Madrid, en soumettant les sujets espagnols à acquitter avec rigueur le montant des droits, les abonne avec les étrangers par ses traités de commerce; de là il arrive qu'une imprévoyance funeste y favorise l'étranger aux dépens du régnicole.

Le système douanier de l'Angleterre est le plus lourd à supporter pour le commerce. Nul pays au monde n'est plus fortement imposé; dans aucun état les douanes ne rendent au fisc des sommes plus considérables. Mais ce vice, s'il n'est complettement détruit, est du moins beaucoup adouci par les dispositions conservatrices qui dérivent de la restitution des droits et de la prime que le *drawback* et le *bounty* accordent à la réexportation des marchandises soumises à un droit d'entrée ou de consommation, quand elles ont subi une préparation nationale avant d'être versées dans la consommation étrangère. Cependant, comme le génie fiscal ne renonce jamais entièrement à son système d'avidité, le négociant, en Angleterre, est encore grévé, 1°. de l'intérêt de l'argent qu'il débourse pour acquitter le droit jusqu'au moment où il réexporte la matière qui y a été soumise; 2°. du droit des officiers de la douane qui ne lui est jamais restitué.

Néanmoins, on ne peut disconvenir que la législation des douanes en Angleterre ne soit bien entendue sous tout autre rapport : son intérêt n'y est jamais mis en parallèle avec celui du commerce : dans les luttes qui s'élèvent parfois entre ces deux agens, c'est toujours le commerce qui l'emporte ; et le chef-d'œuvre du système anglais , malgré la restitution des droits , c'est d'avoir en quelque sorte assujetti les nations du Continent, commerçantes ou non, à acquitter une part considérable des charges fiscales de ces insulaires ; et l'observateur est encore réduit à admirer l'indifférence avec laquelle tous les gouvernemens de l'Europe se soumettent à ce nouveau genre d'imposition, dont une puissance adroite les frappe impunément.

Enfin, la France a vu son administration toujours flottante entre les besoins de la finance et ceux du commerce. Cette situation incertaine a déterminé dans tous les tems les mesures qu'elle a prises ; et son systême de douanes, sans consistance positive, a presque toujours présenté le singulier con·traste de ses vues protectrices pour le commerce, en opposition avec ses besoins en finance.

Ce n'est pas à une autre cause qu'il faut rapporter la législation douanière, quelquefois favorable par les primes et encouragemens qu'elle accordait, et plus souvent contraire au commerce par les droits dont elle l'accablait.

Si les droits de douane y sont moins élevés qu'en Angleterre, d'un autre côté le commerce profite moins de ses produits, et l'administration ne puise qu'avec parcimonie dans les caisses de la régie, pour entretenir le commerce, tant elle semble avoir peur d'enlever aux besoins du fisc les sommes qui dérivent des droits, et qu'il a fini par s'attribuer exclusivement.

Ce système avec plus ou moins d'extension est commun à presque toutes les puissances; et la première d'entr'elles qui aura le bon esprit d'y renoncer et de ne plus détourner les produits des douanes de leur destination première·, acquerra un avantage inappréciable sur ses rivales par les accroissemens que prendra son commerce.

Il est de fait que le commerce d'un état, quand il est bien administré, exige 1°. des droits d'entrée contre le commerce étranger qui tend à le circonscrire ou le contrarier. 2°. Des primes, des exemptions, des encouragemens en faveur des essais qui peuvent augmenter l'exportation de nos propres articles et la consommation dans l'étranger des objets provenans de nos manufactures. Or, ce qui d'une part est perçu comme droit, doit de l'autre être remboursé comme prime : ainsi les douanes dans le commerce doivent continuellement produire l'effet d'une pompe aspirante et refoulante, de telle sorte qu'en aucun cas le commerce national ne perde jamais la moindre fraction des fonds que les douanes aspirent.

La législation des douanes est si compliquée, si variée dans ses détails, quelquefois même si opposée dans ses aperçus et dans ses effets, qu'on doit regarder comme impossible soit d'établir une loi générale sur les tarifs, soit de déterminer la quotité des droits d'une manière absolue pour tous les genres de marchandises qui doivent y être soumises.

Cependant, malgré que l'intérêt du commerce se subdivise en une infinité de branches qui doivent être ou exemptées ou différemment imposées par les douanes, suivant la nature de leur utilité ou de leur danger dans la sortie ou dans l'introduction , il est un principe constant auquel la théorie des douanes doit toujours être soumise. Si l'on saisit avec intelligence le point fixe et absolu d'où tout doit partir et auquel tout doit se rapporter, on pourra varier avec discernement le mode des impositions ou des exemptions sans altérer l'unité du principe.

Toute loi qui impose des droits d'entrée ou qui en exempte, doit exclusivement être déterminée d'après l'influence que la marchandise imposée ou exemptée du droit peut avoir sur l'agriculture , sur les manufactures et sur le commerce d'un état. Ce principe est absolu ; jamais on ne peut impunément ni s'en écarter ni le méconnaître.

On ne doit pas regarder comme des maximes

ximes salutaires, 1°. d'établir de gros droits sur toute marchandise qui sort d'un pays, par la raison que ce droit est acquitté par l'étranger consommateur. 2°. D'imposer des droits trop légers sur tout ce qui entre, parce que ces droits sont à la charge du conservateur national.

De l'application constante de ce double principe, il résulterait souvent les conséquences les plus funestes, et l'expérience que nous en avons faite plus d'une fois doit nous en avoir démontré les dangers. En effet, si l'on se rappelle les droits trop forts ou trop inégaux auxquels les vins ont autrefois été soumis à leur sortie de France, on reconnaîtra l'une des causes premières qui en ont diminué la consommation dans les pays étrangers. Si l'on se rappelle la parité de droits d'entrée auxquels furent soumises en France et en Angleterre des marchandises d'une nature bien différente, on reconnaîtra la cause directe de la lésion qui résulta pour nous du traité de commerce de 1786, qui nous rendit débiteurs annuels d'une somme de 25 millions de francs en faveur de l'industrie britannique; car les marchandises anglaises furent frappées à leur entrée dans nos ports d'un droit trop faible, eu égard à leur usage plus général au détriment de nos propres fabriques, tandis que les objets que nous fournissions en échange à cet état étaient d'une utilité bien moins générale, et d'un usage bien plus circonscrit, ce qui n'établissait aucune sorte de relation dans la parité du droit auquel les marchandises des deux pays furent respectivement soumises.

Ainsi le droit d'entrée ou de sortie qu'on impose sur toute marchandise, doit obéir aux intérêts variés du commerce, et être déterminé pour l'entrée, d'après les besoins de l'état, et pour la sortie, d'après ceux des étrangers. Mais, en reconnaissant le principe, comment dresser les tarifs particuliers? La finance sera-t-elle maîtresse de les établir? Ou pour y parvenir, convoquera-t-on une assemblée de négocians des diverses places? L'expérience a prouvé que la première de ces mesures a dans tous les tems été dangereuse, et que la seconde est souvent inutile et presque toujours insuffisante. Un tarif sagement établi ne peut être que le produit de l'ensemble, des vues, des plans et des intérêts de toutes les branches de l'industrie française, dont la réunion compose le commerce général de l'état. On ne peut l'obtenir qu'en consultant isolément les chambres ou conseils de commerce de toutes les grandes places commerçantes ou manufacturières ; qu'en réunissant et comparant les mémoires détaillés que chacune d'elles pourra offrir Dans ce faisceau de lumières, d'intérêts divergeans, et de plans opposés entr'eux, suivant les divers genres d'industrie, le gouvernement puisera à coup sûr les principes d'une administration sagement pondérée. Établissant avec soin les oppositions ou les nuances qui séparent les diverses branches, et sans se laisser abuser par les calculs isolés que l'intérêt privé pourrait faire naître, il les co-ordonnera tous à l'intérêt général du commerce, but unique de ses recherches dans la législation des douanes.

Apprécions à présent les effets que produisent les droits d'entrée ou de sortie, relativement à la balance et au commerce d'un état.

Tous les administrateurs éclairés ont re-

connu que quand il s'agit des droits imposés sur les marchandises étrangères, ces
droits, quel qu'en soit le taux, peuvent souvent être trop forts, et sont rarement trop
faibles; car l'interdiction ou le droit trop
élevé qui équivaut à une interdiction, sont
bien éloignés d'être un aiguillon pour les
manufactures d'un état. Si le droit d'entrée
est trop élevé, l'industrie nationale, il est
vrai, n'a rien à redouter de la concurrence
étrangère, hors le cas de l'introduction en
fraude; mais la préférence exclusive qu'elle
obtient devient nuisible pour les progrès
qu'elle pourrait faire. Le manufacturier national, maître de ses prix, assuré de ses
ventes, n'a plus aucun motif d'émulation
pour perfectionner ses ouvrages : content
des grands bénéfices qu'il fait sur la consommation intérieure, il néglige d'autant
plus l'exportation, qu'il sait, qu'obligé de
lutter dans les marchés étrangers contre les
manufactures rivales dans les mêmes articles, il verrait diminuer ses profits en raison de la concurrence qu'il aurait à y redouter; et l'industrie devient stationnaire
par suite des mesures qu'on a prises pour la
garantir de toute rivalité.

Au lieu que si le droit, sans être trop faible, est assez modéré pour ne point absorber la totalité des bénéfices qu'il est fondé à espérer, l'étranger ne perd point le chemin de nos ports. Si le fabricant national reçoit en dédommagement de la permission d'entrée accordée à l'étranger, le montant du droit que celui-ci a acquitté, il résulte pour nos manufactures un double avantage, savoir ; 1°. la différence du prix de la marchandise étrangère qui a payé le droit, avec celui de la marchandise nationale qui en est exempte. 2°. Le bénéfice de la prime accordée au manufacturier français, aux dépens du négociant étranger. Dès-lors, plus de concurrence dans les mêmes articles. Si les qualités sont pareilles, tout l'avantage demeure au négociant français, et le trop fort droit devient aussi impolitique qu'illusoire.

Mais, si le plus bas prix auquel l'étranger peut vendre malgré le droit, si la qualité supérieure de sa marchandise rétablit la concurrence dans nos marchés, ou même lui assure la préférence, alors l'avantage qu'il obtient ne sera pas de longue durée.

L'exemption du droit, la prime accordée seront un stimulant toujours actif sur nos fabricans ; ils ne tarderont pas à imiter, à égaler, à surpasser peut-être la qualité des articles étrangers qu'il leur aura suffi de connaître ; et une émulation soutenue les conduisant bientôt à la perfection, ils ne tarderont pas à rétablir la rivalité, et peut-être, par leurs ventes à l'étranger, à dédommager l'état du sacrifice momentané qu'il aura du faire pour voir ses manufactures atteindre à la perfection. Car enfin, dans tout pays où l'administration exerce une surveillance salutaire, on ne voit pas long-tems le commerce national payer un tribut humiliant au commerce étranger.

Des motifs non moins puissans commandent de ne jamais élever les droits de sortie. En général, pour soutenir le débit de nos manufactures dans l'étranger, il faut réunir un double avantage. 1°. Avoir la supériorité ou la propriété presque exclusive dans les objets exportés. 2°. Flatter le goût de l'étranger par l'apprêt et le séduire par le bas prix de nos productions. Il importe donc de ne pas rendre nos marchandises trop onéreuses pour eux, soit en leur donnant un prix trop élevé, soit en les surchargeant de droits de sortie; car dans les deux cas nous les invitons, et bientôt même nous les forçons à s'en passer.

Ainsi donc, en soumettant une marchandise étrangère à des droits d'entrée, ou une marchandise nationale à des droits de sortie, il importe d'en déterminer les tarifs sur une base toujours proportionnelle, de telle sorte que, ne cessant jamais de regarder comme la plus avantageuse à l'état la branche de commerce qu'on aura su rendre utile aux étrangers, on ne leur rende point cette utilité illusoire par le droit trop élevé, dont on l'aurait frappée.

L'intérêt du fisc, s'il mérite d'être compté, n'exige pas moins impérieusement de ne s'écarter jamais d'une sage modération dans les tarifs. Si les droits sont sagement répartis, la consommation s'accroît en raison de la facilité d'y atteindre; de plus grands débouchés augmentent les produits des douanes, et le fisc s'enrichira aussi sûrement par des droits ou faibles ou modérés, qu'il courra risque de voir tarir les canaux qui l'alimentent , s'il établit des droits trop forts.

Ajoutons enfin que des droits trop élevés invitent à la fraude, que si les bénéfices de la contrebande couvrent les risques qu'on court à s'y livrer, l'homme avide sera toujours disposé à violer les lois de son pays, dans l'espoir d'accroître ses profits, et que les soins des agens du fisc seront toujours d'autant plus impuissans, pour prévenir les introductions furtives, qu'elles offriront de plus grands bénéfices.

SECTION II.

Principes particuliers à l'exercice des douanes, et mode différent suivant la diversité des marchandises.

Nous avons tâché de démontrer dans la section précédente , que la modération dans les tarifs est une base dont un bon système de douanes ne doit pas s'écarter, et que les droits doivent être déterminés d'une manière progressive, suivant que la marchandise imposée peut être considérée comme objet de nécessité, de convenance ou de luxe.

En général les matières premières nécessaires à un état doivent être exemptées de tout droit, quand c'est un pays étranger qui les fournit, soit aux besoins de la consommation, soit à ceux des manufactures.

S'il est des cas où l'on peut se permettre de leur en imposer, le droit ne peut être trop léger, et il ne doit avoir pour objet que de favoriser la culture intérieure par le bénéfice que l'exemption du droit assure au producteur national.

Le droit ne doit pas être plus élevé quand il porte sur des denrées qui doivent être réexportées après avoir subi une préparation nationale, à moins qu'on ne restitue le droit à la sortie de la denrée étrangère qui a subi une préparation intérieure. Dans ce cas le droit est plus indifférent, puisqu'il ne frappe que sur la consommation. Mais dans le cas de réexportation, la restitution du droit ne suffit pas toujours, et l'apprêt nouveau qu'on a donné à la matière première, peut, suivant les circonstances, faire allouer une prime en sus de la restitution du droit.

Il n'en est pas de même quand il s'agit de la sortie des matières premières. Le droit auquel on les soumet doit être plus faible ou plus élevé, suivant l'emploi de la denrée. Si l'objet exporté doit se consommer tel qu'il est à la sortie, et si l'état qui l'exporte en a une quantité supérieure aux besoins de sa consommation, le droit ne peut être trop faible, car il importe à l'état de s'en procurer des débouchés faciles; d'encourager les étrangers à le consommer : et l'on n'obtient ce double avantage que par la modération du droit. Sa fixation doit néanmoins être réglée suivant l'espèce d'utilité ou le besoin dont la denrée imposée est pour l'étranger. A cet égard, et avant tout, une surveillance assidue doit empêcher que les matières premières ne puissent sortir qu'autant que la surabondance de la consommation intérieure en est complettement démontrée.

Mais si la denrée exportée est une matière première dont la consommation dépend de l'apprêt nouveau qu'on doit lui donner, comme sa sortie ne peut que nuire aux manufactures et aux fabriques nationales, le droit auquel on la soumet ne saurait être trop élevé. Le gouvernement doit empêcher que l'industrie étrangère s'alimente aux dépens de la nôtre; il sait que les bénéfices de la préparation sont un des plus grands profits de la balance d'un état. Le plus fort droit encourage l'essor de l'industrie intérieure, et détruit la concurrence des étrangers dans le même genre de fabrication. Cependant, pour déterminer ce droit d'une manière positive, il importe de le co-ordonner au système des douanes des états étrangers, et surtout de connaître s'ils peuvent se procurer ailleurs que chez nous, soit la matière première soumise au droit, soit la même denrée ayant subi l'apprêt qui doit la verser dans la consommation.

Enfin, toute la denrée manufacturée, sauf de très-rares exceptions, doit pouvoir sortir avec exemption de droit, et quelquefois même obtenir une prime plus ou moins élevée, suivant le genre de profit que doit procurer l'exportation. Notre système de finance s'est trop souvent écarté de cette sage disposition, et l'on a trop oublié qu'une denrée fabriquée, lorsqu'elle dérive des produits de notre sol, et plus encore quand elle est le produit d'une matière étrangère, que notre industrie a rendue nationale par la préparation, mérite en tout tems des encouragemens en faveur des fabricans français, et des exemptions en faveur des étrangers pour leur en procurer la consommation au plus bas prix possible, seul moyen de ne pas perdre ou d'obtenir chez eux la préférence.

La plupart des principes que je viens d'établir sont généralement connus; mais plus d'une fois on a paru s'en écarter ou les sacrifier à de faux calculs, et je ne les rappelle que pour en faire une application particulière à quelques genres de marchandises françaises, dont il est urgent de rectifier les tarifs.

Je n'entreprendrai point d'appliquer à tous les genres de marchandises qui entrent en France ou qui en sortent, le régime douanier, qui peut convenir à chacun d'eux; cette tâche, trop au dessus de mes forces , serait d'ailleurs aussi longue que difficile. Je vais me borner à présenter un aperçu relatif à quatre de nos productions principales qui exigent des changemens essentiels soit dans la nature, soit dans la quotité de leurs droits. Je les choisis dans les modes différens qui embrassent tout le système commercial. Savoir : les soies, production partie française et partie étrangère ; les vins, denrée entièrement française ; les sucres , matière entièrement coloniale ; et enfin, les savons, marchandise française, mais qui, dans la préparation, exige le concours de matières que notre sol ne fournit pas, et celui des huiles françaises et étrangères.

ARTICLE PREMIER.

Des droits et prohibitions relativement aux soies.

Lyon est la ville manufacturière de France, la plus intéressante par ses malheurs , et la plus utile par son industrie. C'est celle que le gouvernement doit le plus protéger pour l'intérêt même de notre balance. Qu'on y encourage tous les genres d'industrie ; qu'on l'affranchisse des impolitiques droits de sortie qui tendaient à la comprimer sans cesse ; qu'on n'oublie pas que des prohibitions sévères ou des droits trop élevés ont engagé les nations rivales à redoubler d'efforts pour appeler ou pour créer chez elles les articles manufacturés, qu'elles ne pouvaient se procurer de Lyon qu'à des prix très-désavantageux , parce que la sortie des soies écrues et teintes n'y était pas libre.

« Si la sortie des soies était libre , dit *Scerione*, Lyon en tirerait d'Italie et d'Espagne au delà de la consommation intérieure, et en ferait un commerce d'économie avec les états limitrophes qui sont obligés de les tirer par la Hollande ou par l'Allemagne. La prohibition fait donc perdre au commerce de Lyon le commerce d'économie sur les soies , sans qu'aucun avantage puisse l'en dédommager. Lyon perd en même tems les bénéfices d'entrepôt et de commission.

» Si la sortie des soies apprêtées était libre, cette place tirerait une plus grande

quantité de soies d'Italie , ses fabriques seraient également florissantes ; elle expor-
terait toujours la même quantité d'étoffes
à l'étranger , et ajouterait à cette exportation une réexportation des soies écrues
et des soies préparées , qui augmenterait
ses richesses sans accélérer davantage l'ac-
croissement des manufactures étrangères ,
et sans produire d'autre effet que de re-
tarder les progrès des connaissances et de
l'industrie des étrangers sur la perfection
des apprêts. »

Voilà ce qu'écrivait l'auteur des *Intérêts des Nations de l'Europe* , il y a
vingt-cinq ans. Comment a-t-il pu se faire
que l'administration n'ait pas ouvert les
yeux sur les dangers d'un système prohibitif, qui sous le spécieux prétexte d'arrêter les accroissemens des manufactures
étrangères, par l'extraction des soies préparées , a fini par ne produire d'autre effet
que de stimuler l'industrie des états rivaux,
pour échapper au tribut auquel une avidité fiscale ou une fausse application des
principes du commerce les avait fait soumettre en France. Corrigeons, il en est

tems, ce funeste système contre lequel l'intérêt de l'état ne réclame pas avec moins de force que celui du commerce. D'après le nouveau tarif, on ne permet l'exportation que des soies propres à faire de la tapisserie : la prohibition dont cette marchandise est frappée dans ses divers états de préparation ne peut que nuire à l'industrie des fabricans ; et la liberté que le commerce de Lyon sollicite à cet égard est peut-être le moyen le plus propre de le dédommager bientôt des pertes que nos orages politiques lui ont causées.

A R T I C L E   I I.

Des tarifs sur les vins et eaux - de - vie.

Le commerce des vins et des eaux-de-vie de France aurait dû, dans tous les tems, être une source intarissable de bénéfices. Mais les états étrangers que la consommation de cette denrée rendait nos tributaires, n'ont pas apporté plus de soins à en restreindre l'usage que notre administration n'y a contribué elle-même par son

incurie

incurie et par les droits qu'elle a répartis toujours trop inégalement sur la sortie.

Les droits de sortie sur les vins de France ont toujours été d'autant plus vicieux, que les variations de la taxe qui les frappe et la confusion inséparable de l'inégalité de perception, suivant les différens ports dont on les expédie, tendent sans cesse à en gêner le commerce et à en réduire la consommation étrangère. Il est certain que les étrangers, pour se soustraire à ce droit souvent trop onéreux et toujours inégal, ont cherché les moyens de diminuer chez eux l'usage de nos vins, en les soumettant à des droits d'entrée très-élevés : ils ont même poussé la précaution jusqu'à encourager la distillation des eaux-de-vie de grains et de genièvre, pour réduire chez eux la consommation des nôtres.

Les peuples du Nord sont en géneral les plus avides des liqueurs fortes ; soit que l'âprêté d'un climat plus rude leur rende la chaleur des boissons spirutueuses plus nécessaire, soit que la privation et la rareté en augmentent le prix à leurs yeux. On ne peut disconvenir que la plupart de ces nations n'ont renoncé à acheter nos vins ou n'en ont diminué l'usage, que par la difficulté de l'obtenir à un prix qui ne fût pas trop lésif pour elles, soit que cette lésion fût l'ouvrage de nos droits de sortie et plus encore des droits d'entrée que les gouvernemens respectifs établissaient. Si on avait su les dégager des entraves qui en gênent le commerce et finissent par en hausser le prix, toutes les boissons factices que l'industrieuse nécessité a fait inventer dans le Nord, eussent été bientôt remplacées avec autant d'avantage que de salubrité par nos vins de France et par nos eaux-de-vie, liqueurs les plus naturelles et les plus saines.

Toutes ces compositions chimiques, toutes ces préparations frauduleuses, poisons mortels que l'on débite dans le Nord, et qui n'ont de commun avec les vins que le nom et la couleur, ne tromperaient bientôt plus les besoins ou le goût des peuples qui les achètent, si nous avions le bon esprit de donner nos vins à l'étranger au plus bas prix possible, d'en favoriser la sortie, et d'encourager ou d'ac-

croître la culture des vignes ; car enfin ,
il est matériellement démontré que nos
vins ordinaires de Langudoc et de Provence , malgré le prix du frêt et de la
commission , pourraient arriver dans toutes
les places du Nord , et s'y vendre à un
prix inférieur à celui des boissons artifi-
cielles qui en usurpent le nom. Dès-lors
n'est-on pas fondé à croire que leur consommation extérieure s'accroîtrait en raison du bas prix , de la facilité d'y atteindre ,
et de la préférence que le consommateur
ne tarderait pas à donner aux boissons
françaises ?

Qu'on veuille bien ne pas oublier, qu'en
partant de la cherté comparative de nos
vins , je n'entends point préjudicier aux
droits dont ils peuvent être grévés dans
l'intérieur , relativement à l'impôt de la
consommation , et même à celui de l'octroi
municipal. Rien n'empêche sans doute
qu'on ne fasse supporter à cette denrée la
partie des droits indirects auxquels elle
peut être soumise : mais ce droit, destiné
à acquitter les charges publiques, ne doit
être perçu que sur le consommateur fran-

çais ; et l'étranger , en aucun cas, ne peut y être assujetti. Le système qui aspire à faire payer à l'étranger une partie de nos taxes, tout utile qu'il est dans ses motifs , ne peut manquer d'être funeste dans ses conséquences ; ce n'est jamais sur les matières premières , dont l'impôt peut réduire la consommation étrangère , nécessaire à notre commerce, qu'un pareil droit peut être impunément établi.

Ce n'est pas sans motif que je fais cette observation , relativement à la sortie des vins français ; et si l'on me dit que cette denrée est exempte de tout droit de consommation à la sortie, voici ma réponse : il n'y a pas plus d'un an que l'une des municipalités de Marseille , à l'aide de motifs spécieux, arracha au préfet des Bouches-du-Rhône un arrêté qui soumettait tous les vins qui entraient dans l'enceinte de Marseille, à un entrepôt effectif dans un lieu déterminé, à moins que les négocians qui les recevaient n'aimassent mieux , pour se soustraire à l'entrepôt , jouir de la faculté de les avoir dans leurs magasins, en payant le montant de l'octroi.

Il s'agit de prouver que c'était là un véritable droit de sortie, déguisé sous le nom d'octroi; que, dans le cas où ce prétendu droit n'aurait pas anéanti dans Marseille le commerce des vins, le consommateur étranger aurait fini par en supporter seul le montant; et qu'enfin ce droit onéreux ne pouvait produire d'autre effet que de diminuer soit la préparation des vins dans les *chaix*, soit leur exportation dans l'étranger.

Les motifs de la municipalité, en établissant ce droit, méritent d'être connus et appréciés. « Comment, disait-elle, les propriétaires de *chaix* (1) peuvent - ils s'élever contre un entrepôt qui tend uniquement à empêcher que les vins introduits dans Marseille puissent se verser en

______

(1) On appelle *chaix* les usines où se préparent les vins. Ces usines exigent l'avance d'un capital considérable pour la fabrication d'un grand nombre de *foudres* ou tonneaux, dont la capacité est quelquefois si immense, qu'un seul contient parfois 40 ou 50 mille bouteilles, et coûte jusqu'à six et 8 mille francs.

fraude, dans la consommation et au préjudice d'un octroi, qui n'a pour but que
le soulagement et l'entretien des hospices
d'humanité ? Les fabricans n'ont-ils pas
d'ailleurs la faculté de se soustraire à cet
entrepôt, et de recevoir les vins dans leurs
magasins, en payant l'octroi ? Cet octroi
enfin, qui ne s'élève qu'à un liard par
bouteille, n'est il pas trop léger pour que
les fabricans doivent se refuser à l'acquitter ? »

Rien de plus édifiant que le motif, mais
malheureusement, rien de plus onéreux
que son effet. Répondons avec ordre.

1°. L'entrepôt établi était inadmissible
pour les propriétaires de chaix ; 2°. il les
soumettait au paiement du droit, et ce
droit est très-lourd ; 3°. il était écrâsant
pour le commerce et pour l'agriculture.

1°. l'entrepôt était impraticable pour les
fabricans, et l'on n'en jugera pas autrement, pour peu que l'on connaisse les établissemens de chaix. Ils exigent un local
immense, des dépenses considérables, des
usines trop chères pour pouvoir les multiplier, une suite de manipulations aussi

longues que dispendieuses, qui toutes demandent une surveillance continuelle, et la présence du maître, pour prévenir ou réparer les accidens. Il n'est pas plus possible de se livrer à la préparation des vins dans un entrepôt, qu'il ne le serait de s'y livrer à la fabrication des savons. L'une et l'autre commandent une liberté de mouvemens que l'entrepôt ne peut admettre. Elles exigent, la nuit comme le jour, des soins assidus, et impossibles dans une enceinte dont les clefs doivent tous les soirs être déposées dans les mains du fermier. Enfin, l'effet le plus infaillible de l'entrepôt, pour les propriétaires de chaix, était de les soumettre tous au paiement de l'octroi, pour pouvoir présider à leurs préparations, sous peine de voir anéantir leur commerce. Cette conséquence est absolue ; et ils auraient pu d'autant moins y échapper que le préfet s'était refusé à leur permettre l'entrée des vins par *acquit à caution*, qu'ils avaient en vain sollicitée à la charge par eux de payer, comme de raison, l'octroi sur toutes les quantités de vins dont ils ne justifieraient pas la sortie.

2°. L'entrepôt soumettait les fabricans au paiement de l'octroi, et cette charge était la conséquence forcée du principe que nous venons d'établir. Examinons à présent ce droit prétendu si léger. L'octroi à percevoir de 3 deniers par bouteille était réellement très-lourd et hors de proportion avec le prix de la denrée qu'il frappait. 1°. La millerolle de vin, composée à-peu-près de 60 bouteilles, est évaluée, dans Marseille, au prix commun de 12 fr. Le droit s'élevait donc à 15 sous par millerolle, ou soit à 6 et $\frac{1}{4}$. p $\frac{0}{0}$. 2°. Il n'est pas dans Marseille un seul propriétaire de chaix qui ne prépare et qui ne fasse sortir annuellement, en estimant l'un dans l'autre leur commerce au plus bas, au delà de 20 mille millerolles de vin. Ce droit prétendu si léger s'élevait donc pour chacun d'eux au moins à 15 mille fr. par année. 3°. Ajoutons enfin que le droit de 6 $\frac{1}{4}$ p. $\frac{0}{0}$, prix de l'octroi, s'il n'était pas supérieur, était à peu de chose près égal au bénéfice que le propriétaire de chaix peut se promettre sur les vins qu'il verse dans la consommation étrangère. Qu'on juge à présent les effets de ce droit, relativement au commerce, puisque d'une part il absorbait tout le bénéfice du fabricant, et que de l'autre il devait ou anéantir la fabrication, ou réduire la consommation étrangère par la hausse progressive des prix que le négociant aurait dû établir pour faire même le bénéfice le plus borné.

Ce droit fut réellement si funeste, que la plupart des fabricans suspendirent leurs travaux dès l'instant où il fut établi, et qu'ils crurent le danger assez pressant pour députer à Paris l'un d'eux, dans l'espoir de voir révoquer une mesure aussi funeste. Leur espérance ne fut pas trompée, et le ministre de l'intérieur, pénétré du tort que ce droit pouvait faire aux négocians et au commerce des vins, ordonna au préfet des Bouches-du-Rhône de retirer son arrêté.

3°. Je serais sans doute dispensé de développer les dangers de cet impôt, relativement à l'industrie ei à l'agriculture, puisqu'il n'existe plus : mais il importe peut-être d'aller au devant de toutes les mesures ultérieures qui pourraient être prises relativement au commerce des vins, dont la liberté ne peut qu'augmenter les profits, surtout si l'on considère les développemens qu'il a pris depuis qu'il s'est introduit dans le midi de la France.

A l'époque où la liberté du commerce des vins fut établie dans Marseille, (c'est, si je ne me trompe pas, en 1776, que la préparation de cette boisson y fut introduite) un ou deux particuliers s'y adonnèrent avec succès, et depuis cette époque, douze ou quinze chaix se sont établis dans cette place, et l'ont enrichie d'une nouvelle branche de commerce.

Il est essentiel de remarquer que la préparation que les vins subissent dans les chaix, ne participe en rien des fabrications frauduleuses des marchands de vin du Nord. Ici, tout est factice, tout est dangereux; tel marchand du Nord vous vend pour du vin une composition funeste, où il n'entre pas une seule goutte de cette liqueur; dans les chaix, au contraire, tout est naturel, tout est vrai, et le vin ne s'y fait qu'avec du vin. Tout l'art des fabricans consiste à le clarifier, à le purger,

par l'association des qualités qui ne s'assortissent que pour lui donner une nouvelle saveur. Les gros vins s'y allient avec
des vins plus légers ; les vins trop âpres
avec des vins plus doux ; et la liqueur
qu'on extrait de ce mélange , toujours
naturelle et toujours saine , lui donne un
nouveau prix, en flattant plus le goût des
consommateurs.

Cette préparation est d'autant plus
avantageuse, qu'avant d'en avoir fait l'essai, les vins de Provence , s'ils pouvaient
passer dans nos îles , ne pouvaient pas
s'y conserver, et n'avaient dans le Nord
qu'une consommation bornée. Le transport
qu'ils ne pouvaient supporter, en altérait
la qualité ; et ce pays , si abondant en
vignobles, n'ayant alors que la ressource
de la distilation , voyait d'autant plus diminuer cette branche de produit, que la
sortie des eaux-de-vie n'y fut pas toujours
aussi encouragée , aussi favorisée qu'elle
aurait dû l'être par le gouvernement , et
que les vins, toujours trop abondans pour
la consommation, n'offraient l'espoir d'aucun bénéfice à ceux qui les possédaient.

Ce que je dis est fondé sur l'expérience : j'ai vu moi-même, sur les bords de la Durance , les trop grandes récoltes de vins regardées presque comme une calamité. Les raisins périssaient sur le sep, parce qu'on manquait de futailles suffisantes, et parce qu'on n'avait pas assez d'intérêt à soigner une denrée, qui, au dessus d'une certaine quantité nécessaire à la consommation, n'avait plus de débouché, et ne payait même pas les frais de culture. Presque tous les quatre ou cinq ans, cet inconvénient se renouvelait ; le manque d'usines était toujours le même, et l'on se mettait peu en peine de s'en procurer pour recueillir une denrée qui n'aurait pas rendu le prix qu'elles auraient coûté.

Depuis l'établissement et la multiplication des chaix, la culture de la vigne offrait à l'agriculteur des avantages plus assurés : les terreins escarpés et les côteaux pierreux de la Provence, infertiles pour la culture du bled , devenaient productifs par les vignobles dont on les avait couverts. La plantation de l'arbuste précieux dont on extrait le vin , ajoutait aux développemens

de l'agriculture, et alimentait une branche
de commerce trop tard connue, et qui
pouvait multiplier nos bénéfices dans toutes
les parties du globe. Non-seulement nos
vins de chaix allaient alimenter nos colonies, mais ils s'étaient même ouvert un
débouché dans la mer Noire. Si cette
branche importante est encouragée, si le
gouvernement lui accorde toutes les faveurs
qu'elle a droit d'obtenir, on peut se flatter
qu'un long intervalle ne se passera pas sans
qu'elle le dédommage de ce qu'il aura fait
pour elle. Mais, sur toutes choses, il faut
ne pas oublier que les nations du Nord
que notre imprévoyance a instruites à se
passer de nos vins, n'en reprendront l'u-
sage que par le bas prix auquel nous
pourrons le leur offrir; on doit donc scru-
puleusement empêcher, qu'en aucun cas,
les droits d'aide, d'octroi ou de consommation puissent atteindre dans la moindre
partie les vins destinés à l'exportation.

En diminuant les droits de sortie sur les
vins, accordons des faveurs à l'exportation
de nos eaux-de-vie. Elles sont supérieures
à toutes les autres; cependant la consom-

mation de celles que fournissent les autres états du Midi est proportionnellement plus forte que la nôtre dans le Nord, et surtout en Angleterre. N'en cherchons pas la cause ailleurs que dans les effets encore sentis du génie anti-commercial qui avait présidé à cette partie de notre législation douanière. On dirait que notre propre administration avait concouru avec la politique et les soins de l'Angleterre, pour en réduire la consommation ; et certes lorsque la sortie des eaux-de-vie était si peu favorisée chez nous, aurions - nous eu bonne grâce de nous plaindre que l'Angleterre, pour échapper à leur prix élevé, leur eût imposé des droits d'entrée très-hauts, pour en établir de plus bas sur l'introduction des eaux-de-vie des autres états qui la grévaient moins, et surtout qu'elle encourageât chez elle la consommation des autres genres de liqueurs fortes qu'elle fabrique elle - même, et qui peuvent les suppléer ? Ce fut de sa part un pur acte de prudence, et ce n'était point à nous à nous plaindre d'une interdiction que nous seuls avions provoquée.

Corrigeons ce vicieux système ; que la prime accordée à la sortie de nos eaux-de-vie ramène les étrangers à consommer cette liqueur nécessaire à tant d'usages , et qu'ils préfèrent à toute autre. Quant au tarif sur les vins , revenons à ce principe positif, que bien souvent diminuer les droits du fisc suffit pour en augmenter les profits.

Mais ce n'est pas encore assez : les encouragemens que l'on doit aux propriétaires de chaix commandent encore une nouvelle mesure. Ces fabricans sont quelquefois obligés d'employer des vins rouges étrangers. Ces vins sont soumis à un droit d'entrée de 25 fr. par muid ; or , s'il est reconnu que les fabricans ne les emploient que par nécessité , et que parce que leur qualité particulière donne un nouveau prix aux vins français avec lesquels ils s'allient, il suit de là que leur entrée est utile à notre commerce , et que le cas de réexportation arrivant, on doit , soit comme justice , soit comme encouragement , restituer aux fabricans qui les expédient ou qui les vendent pour l'étranger , les droits d'entrée que ces vins ont payés , puisqu'il est vrai de dire qu'ils ne sont entrés que pour ressortir et pour ajouter à la somme positive des exportations de nos propres produits. Il n'est sans doute pas besoin d'ajouter que cette restitution de droits ne pourrait avoir lieu que sur les qualités de vins étrangers reconnus nécessaires aux chaix, et proportionnellement à la quantité que la manipulation des chaix peut en exiger.

ARTICLE III.

Des tarifs sur les sucres bruts, terrés ou rafinés.

Examinons à présent l'assiette de nos droits sur les sucres ou bruts, ou terrés, ou rafinés. C'est d'un côté avec complaisance, et de l'autre avec peine, que je vais me livrer à cette discussion ; car cette partie de notre législation fiscale était, avant la révolution, plus favorable au commerce que celle de l'Angleterre ; mais aujourd'hui elle est cruellement déchue : analysons-la dans ses deux époques, et ce sera assez pour faire connaître combien

notre

notre système a un besoin urgent d'être rectifié (1).

Première époque. Dans son excellent Traité d'économie politique et de commerce des colonies, le citoyen *Page*, en comparant les avantages du *drawback* chez les Anglais, avec la restitution des droits qui avaient lieu en France sur les sucres rafinés, a été mal informé sur la réduction que la manipulation opère sur les sucres. Il suppose que la diminution du poids du sucre, dans le rafinage, est de 25 p. $\frac{0}{0}$; et partant de cette fausse estimation comme d'un principe avoué, les conséquences qu'il déduit manquent d'exactitude. « Suppo- » sons, dit-il, l'importation en Angleterre » de quatre cents livres pesant de sucre » brut ; à 12 fr. par quintal, il aura payé » 72 fr. aux douanes ; l'élaboration à la ra- » finerie le réduit à trois cents livres pesant, » qui, à leur réexportation, reçoivent 54 fr. » plus 18 fr. pour la prime ; ces deux sommes

______

(1) On verra bientôt comment il vient de l'être.

» réunies forment juste celle de 72 fr. qu'a
» primitivement payée le sucre brut. »

Cette erreur est trop grave, et ses effets,
si elle venait à s'accréditer, seraient trop
funestes aux fabricans pour ne pas la rectifier. Cet écrivain, admettant que l'élaboration du sucre ne diminue que d'un
quart son poids primitif, peut tendre in-
directement à établir un nouveau mode de
réduction dans la restitution des droits ;
et ce mode, fondé sur une erreur de fait,
serait à la fois lésif pour les rafineries et
pour le commerce.

Il est constant que la manipulation du
sucre , dans les rafineries , en réduit le
poids primitif de plus de moitié : ainsi
quatre cents livres pesant de sucre brut
donneront, après l'élaboration , moins de
deux cents livres de sucre rafiné. Il est
aisé de s'en convaincre par le relevé d'entrée des sucres bruts et par celui de sortie
des sucres rafinés, dans toutes les fabriques
de Bordeaux, d'Orléans, de la Rochelle, etc.
C'est dans cette progression décroissante
que l'ancien gouvernement français avait
déterminé la restitution des droits ; car

elle était comme 225 à 100, c'est-à-dire, qu'il restituait les droits perçus sur deux cent vingt-cinq livres de sucre brut, à la sortie de cent livres de sucre rafiné.

Les droits perçus sur le sucre brut de nos colonies, à leur entrée en France, étaient de 3 p. ½, pour le droit de domaine d'Occident, plus de 50 s. et les 10 s. pour liv. par quintal, pour droit de consommation. Or, le prix commun du sucre brut étant, avant la révolution, à-peu-près de 35 fr., le droit du domaine d'Occident ne s'élevait guères qu'à 20 s. par quintal; les deux droits perçus sur cent livres pesant de sucre brut montaient donc à 4 fr. 75 c.

Supposons donc l'importation de quatre cents livres de sucre brut, ils auraient payé 19 fr. aux douanes. D'après la réduction de 225 à 100, les quatre cents livres de sucre brut auraient donné à-peu-près cent soixante-quinze livres de sucre rafiné, lesquelles obtenaient, outre la restitution entière du droit, une prime de 4 fr. par quintal. Ainsi les quatre cents livres de sucre brut auraient payé 19 fr. d'entrée; et ressortant par cent soixante-quinze liv.

de sucre rafiné , elles auraient obtenu :
1°. 19 fr. de restitution de droit ; 2°. 7 fr.
pour la prime ; total, 26 fr. Au lieu qu'en
Angleterre , sur quatre cents livres de
sucre brut , les douanes ayant perçu 72 fr. ,
n'auraient à restituer , sur cent soixante-
quinze livres de sucre rafiné, que 31 fr.
50 c. , plus la prime de 6 fr. par quintal.
Le négociant anglais aurait donc payé 72 fr.
pour ne recevoir à la sortie que 42 fr. ,
d'où résulterait pour lui une perte de 30 fr.
sur une quantité pareille, qui aurait donné
au négociant français une somme de 7 fr.
de bénéfice.

Il suit de là, 1°. que le citoyen Page , mal
informé, a établi un calcul inexact ; 2°. que
le régime des douanes, tel qu'il le suppose,
serait d'autant plus défavorable au commerce anglais , que le *drawback* ne restitue point le droit sur le poids du sucre brut ,
mais seulement sur celui du sucre rafiné ;
3°. enfin que la retenue que les officiers de
la douane font sur le montant du droit ,
le cas de restitution arrivant , est une nouvelle surcharge ajoutée au commerce.

Cet exemple démontre sans doute suffi-

samment combien le système des douanes,
en Angleterre, est plus défavorable que
ne l'était jadis le nôtre : mais, d'un autre
côté, on ne peut s'empêcher d'admirer la
prévoyance de ce gouvernement, qui parvient néanmoins à adoucir le fardeau de
l'impôt par tous les genres de protections
et de faveurs qu'il accorde au commerce
intérieur. Ainsi, par exemple, si d'une part
les sucres bruts y sont soumis à la somme
très-forte de 18 fr. d'entrée pour droit de
consommation, de l'autre le poids de cette
taxe est allégé par la restitution des droits
et la prime plus élevée qu'on y accorde
à la sortie des sucres rafinés. Si le montant
de la restitution et de la prime ne suffit
point, comme jadis en France, pour couvrir
les premières avances du fabricant, cette
différence est couverte par la difficulté
de sortie des sucres bruts, qui est tout à
l'avantage des fabricans anglais. Enfin, de
ce système heureusement combiné et rigoureusement exécuté, il résulte que l'Angleterre offre de nos jours, dans l'état le plus
fortement imposé de l'Europe, le phénomène singulier de l'état où le monopole et

la contrebande peuvent le moins exercer leur calamiteux empire. Notre système des douanes, relativement à la restitution des droits sur les sucres rafinés, offrait donc jadis d'heureux encouragemens au commerce. Examinons les changemens que ce régime a subi depuis la révolution.

Deuxième époque. Les sucres bruts, terrés ou rafinés, ont été, dans un intervalle de dix ans, assujettis à différens tarifs d'entrée et de sortie, qui tous dérivent de la guerre, de nos besoins et de l'incertitude de notre position. Sans ces diverses causes, il serait impossible de justifier, ou même de concevoir les motifs de cette étrange versatilité Je ne suivrai point les différentes variations des droits auxquels ils ont été assujettis par les diverses lois ou par les arrêtés des ministres, rendus sur cette matière ; je me bornerai à examiner quels sont, de nos jours, les droits auxquels ils sont assujettis.

Par l'art. 2 du décret du 11 septembre 1793, les sucres des crû et sol des colonies françaises d'Amérique sont exempts de tout droit d'entrée et de consommation en France.

Par l'art. 3 de la même loi, les anciens droits étaient exigibles pour leur exportation de France à l'étranger sur des bâtimens étrangers.

La loi du 24 nivôse an 5 a commué les anciens droits de sortie en un droit unique d'un et demi pour $\frac{0}{0}$ de la valeur , sur les sucres exportés par pavillon français. Mais exportés sur bâtiment étranger, les sucres têtes et terrés doivent 5 p. $\frac{0}{0}$ de la valeur , et le sucre brut, 10 p. $\frac{0}{0}$.

Enfin la même loi fixe le droit de sortie sur les sucres rafinés à 10 sous la livre pesant.

Résumant d'une part les droits que paient en total les sucres à leur exportation , une lettre du ministre des finances , du 24 ventôse an 9, fixe le droit de sortie par bâtiment étranger à 10 p. $\frac{0}{0}$ pour le sucre brut, et 5 p. $\frac{0}{0}$ pour le sucre terré ; mais l'une et l'autre espèce ne doivent que 1 et demi p. $\frac{0}{0}$, lorsqu'ils sont exportés par terre et par bâtiment français.

Et d'autre part, les sucres rafinés à leur

exportation, outre qu'ils ne reçoivent plus de prime, sont encore assujettis au droit de 10 s. par livre pesant.

Ce tableau prouve suffisamment le désavantage de notre situation commerciale à cette dernière époque. Je n'examinerai point si la différence des tarifs établis a été commandée par la guerre ; mais ce qu'il importe essentiellement, c'est de dire que le tarif actuel, eût-il été bon jusqu'à l'époque de la paix, devient mortel aujourd'hui, et doit porter le préjudice le plus grand à notre industrie et à notre commerce, s'il survit aux causes accidentelles qui l'ont fait établir.

J'ai présenté les bienfaits de notre ancien système, à l'époque qui a précédé la révolution ; et c'est à lui que nous devons revenir, si nous attachons quelque prix aux avantages que nous avons perdus et qu'il peut seul nous faire recouvrer.

Le droit d'un et demi p. $\frac{o}{o}$ sur la sortie des sucres bruts est d'autant plus funeste aux rafineries nationales, qu'il est nul. En effet, supposons qu'au jour de la paix définitive le prix de cette matière,

par suite de la dévastation de la principale des colonies, ait augmenté de 45 p. ⅌,
et qu'il coûte, si l'on veut, 5o fr. au lieu
de 35, le droit qu'il paiera en passant à
l'étranger par pavillon français, ne sera
que de 15 s. par quintal : on demande à
présent si ce droit est en rapport avec le
dommage que l'exportation de cette matière peut causer à notre industrie. Il importe donc d'autant plus d'en gréver la
sortie, que sa plus grande rareté le rend
plus nécessaire à nos fabricans.

Lorsque nos rafineries auront repris l'activité qu'on doit attendre de l'industrie
française, l'intérêt du commerce ne commande pas moins impérieusement d'anéantir
le droit de 10 s. par livre pesant imposé
sur la sortie du sucre rafiné. Nos besoins
intérieurs étant remplis par nos propres
fabricans, loin de gêner la sortie de l'ex-
cédent, il faudra l'encourager, en leur
rendant la prime qui leur avait jadis été
accordée.

Raisonnant donc d'après le rétablissement des anciens droits, tels qu'ils étaient
jadis perçus, j'oserai dire encore que ce

que la sagesse de l'ancien tarif nous faisait gagner d'un côté, une complaisance peut-être trop facile, nous le faisait perdre de l'autre. Cette erreur était même d'autant plus préjudiciable , qu'elle lésait à la fois le commerce français et le fisc.

Jadis les sucres bruts, à leur entrée à l'entrepôt, étaient soumis au droit du domaine d'Occident , s'élevant à 3 p. $\frac{0}{0}$, ou soit à 20 s. par quintal; et celui de consommation n'était payé qu'autant que le sucre brut entrait dans la circulation intérieure.

Or, si l'on observe , 1°. que les sucres bruts ne pouvaient , en sortant de l'entrepôt pour l'étranger , qu'être destinés à alimenter les fabriques étrangères; 2°. que cette sortie était une perte réelle pour l'industrie nationale; n'aura-t-on pas raison de s'étonner qu'ils ne fussent soumis à payer que 20 s. par quintal , droit beaucoup trop faible pour arrêter l'essor de l'industrie étrangère, ou pour favoriser la nôtre?

Quelle erreur inconcevable avait pu en effet nous porter à nous départir de ce principe fondamental d'économie commerciale, qui défend de favoriser la sortie des matières premières, qui doivent recevoir une préparation étrangère que nous pourrions leur donner nous-mêmes? Quel intérêt nous portait à alimenter dans le Nord les fabriques d'Hambourg, et dans l'Est celles de Fiume, de Trieste et de Venise, aux dépens des nôtres? Si la sortie des sucres bruts avait été moins facile, ou si on l'avait soumise à de plus gros droits, nos rafineries, en tout tems, ne se seraient-elles pas augmentées aux dépens de celles de l'étranger? Le commerce français n'aurait-il pas gagné le prix de la main-d'œuvre sur une matière première, qui, bien souvent, ne sortait de France que pour y rentrer en fraude après le rafinage, et venir dans notre consommation le disputer aux fabriques nationales, et peut-être l'emporter sur elles? Enfin le droit de sortie plus fort, en élevant dans l'étranger le prix du sucre rafiné, n'aurait-il pas donné un plus grand débouché au nôtre, ou du moins n'aurait-il pas prévenu sur nos frontières le versement frauduleux des sucres étrangers?

Une disposition des nouveaux tarifs a sagement soumis la sortie des sucres bruts à un droit de 10 p. $\frac{o}{o}$, quand ils sont exportés par navires étrangers. Cette disposition est judicieuse sans doute , puisqu'elle tend à favoriser notre propre navigation; mais était-ce assez, et l'industrie intérieure ne méritait - elle pas , à cet égard , la même faveur que la marine? Ne sait - on pas que , s'il ne pouvait convenir à notre commerce maritime de donner à la navigation étrangère les mêmes droits qu'à la nôtre , il ne convenait pas plus à notre commerce industriel d'accorder aux fabricans étrangers les mêmes faveurs qu'à nos propres fabricans? Voilà le vice que j'ose attaquer de front, sans crainte de trouver dans le commerce un seul contradicteur de bonne foi.

Cette erreur , presqu'aussi ancienne que notre législation coloniale, ne doit pas survivre à l'expérience qui en constate les dangers, ni au moment qui nous prépare de nouvelles destinées. Il est tems de fixer un nouveau tarif de sortie sur les sucres bruts, à moins qu'on n'aime mieux , et ce

qui serait sans doute préférable , les soumettre à un droit d'entrée élevé sans restitution, dans le cas où ils passeraient à
l'étranger sans avoir reçu de préparation
intérieure. Ainsi , soit que les anciens droits
de domaine d'Occident et de consommation soient rétablis ou non en France ,
j'ose proposer de soumettre l'entrée ou la
sortie des sucres bruts à ce double droit
ou à sa valeur. Ces droits , comme nous
l'avons vu , s'élèvent , réunis, à la somme
de 4 fr. 75 c. par quintal de sucre brut ;
et je pense qu'ils ne sont pas trop élevés,
si l'on daigne observer que leur effet immédiat sera d'augmenter la fabrication
nationale et d'empêcher les étrangers d'entretenir leurs rafineries avec nos propres
matières.

Cette mesure est d'autant plus urgente ,
que nous devons plus que jamais empêcher
l'exportation des sucres de nos colonies ,
qui, pendant quelque tems au moins , seront bien éloignés de suffire aux besoins
de nos nombreuses rafineries, dont la plupart , depuis la guerre , languissent sans
utilité.

Ainsi, ce nouveau tarif mieux ordonné avec l'intérêt de notre industrie, favorisera d'autant plus le rafineur national, qu'indépendamment de la prime il obtiendra encore en supplément la restitution des droits que l'étranger aura supportés. Et quand même cette mesure conduirait le gouvernement à la suppression de la prime à accorder à la sortie des sucres rafinés, les fabricans trouveraient encore un avantage supérieur à celui dont ils jouissaient, puisque le refus de la prime ne leur enleverait que 4 francs par quintal de sucre rafiné, et leur laisserait dans les marchés 8 liv. 2 s. 9 d. de bénéfice sur le supplément de droits dont ils seraient exemptés, et que les rafineurs étrangers supporteraient.

Observons cependant que cette disposition ne devrait pas s'étendre aux sucres terrés, importés de nos îles; car le terrage étant pour le sucre la principale des préparations, l'étranger qui viendrait l'acheter dans nos ports ne l'obtiendrait qu'en payant le prix de la main-d'œuvre française employée au terrage, et dès-lors le sucre terré devant être considéré comme marchandise manufacturée, il importe d'en encourager la vente et la consommation étrangère par des facilités et des exemptions. (1)

Mais le mode que j'indique, aussi favorable au fisc qu'à l'industrie nationale, exige une surveillance continuelle relativement à nos colonies: c'est là que le gouvernement et les douanes doivent avoir des agens éprouvés, fidelles, et toujours inaccessibles à la corruption, pour empêcher le commerce clandestin des étrangers avec nos Antilles. La vigilance y sera d'autant plus nécessaire, qu'en tout tems le prix du sucre brut, moins élevé dans nos îles, que dans les îles anglaises, offre à la fraude des profits toujours supérieurs, aux risques auxquels elle expose.

Qu'on cesse à cet égard d'opposer le sophisme illusoire de l'intérêt du planteur et de l'habitant. Le négociant du Cap

------

(1) Observation essentielle. Le lecteur est prié de vouloir bien lire la note ou post - scriptum qui est à la fin de ce chapitre.

Français et celui de Nantes, le commerçant de Saint-Pierre et celui de Bordeaux, tous également français, tous ayant dans deux hémisphères différens la même patrie et les mêmes droits, doivent être soumis aux mêmes devoirs. Ce que les lois et l'intérêt général du commerce défendent à l'un, ne peut pas être permis à l'autre. Si l'habitant des colonies est soumis à importer ses produits dans la métropole, la métropole à son tour est soumise à pourvoir aux besoins des colonies : les devoirs sont réciproques et les intérêts sont les mêmes ; et si les colonies doivent à leur mère patrie tous les bienfaits qui dérivent des bras qu'elle leur a fournis, de la prospérité qu'elle a fait naître, et de la protection qu'elle leur assure en tout tems, elles ne lui doivent pas moins la préférence et la disposition de leurs produits variés, en échange des bienfaits qu'elles en ont reçus, surtout lorsque les lois sont réciproques, et quand la métropole cesse d'aspirer à fonder un commerce de monopole aux dépens de ses colonies.

Ses sacrifices à cet égard étaient jadis d'autant plus considérables qu'indépendamment

damment de la prime qu'elle payait pour chaque nègre importé dans nos Antilles, les retours en sucres provenant de cette espèce de commerce, ne payaient à leur entrée en France que la moitié des droits de consommation. (1)

A R T I C L E I V.

Des tarifs sur les huiles et les savons.

Depuis la révolution, le tarif des huiles d'olive n'a pas moins varié que celui des sucres. En 1789, les huiles d'Italie, Naples, Sicile et autres pays que celles du Levant, et de la Barbarie , ne payaient d'entrée dans le port de Marseille qu'un droit à la chambre du commerce , qui s'élevait à

---

(1) Un arrêt du conseil, du 26 octobre 1784, changea le mode de gratification et y substitua deux primes. L'une de départ, fixe et absolue, en faveur des vaisseaux destinés pour la traite ; la seconde de retour, plus ou moins élevée, suivant l'intérêt que le gouvernement avait de diriger l'expédition des vaisseaux négriers dans une colonie ou dans une autre.

3.   5

10 s. par millerole, ou soit par 120 liv. pesant net , poids de marc.

Les huiles dites du Levant et de la Barbarie n'y payaient que le droit du consulat, s'élevant à 2 p.$\frac{o}{o}$, ou soit à 20 s. pour les mêmes mesure et poids que ci-dessus. Dans tous les autres ports, les huiles étaient, comme de raison, assujetties à acquitter des droits de douane plus élevés.

Le tarif du 15 mars 1791 a soumis les huiles de la côte d'Italie à 7 liv. 10 s.; celles de Naples , Levant , Barbarie , Espagne et Portugal à 4 liv. 10 s.; et enfin celles de la côte d'Italie, importées directement par navires italiens ou français, et déclarées pour fabrique , et reconnues ne pouvoir être employées qu'à cet usage , à 4 liv. 10 s. Mais malheureusement la place de Marseille ayant perdu le privilège du port franc, elle se trouve assujettie au paiement des nouveaux droits, qui portent l'atteinte la plus funeste à la fabrication.

Observons d'abord que la plupart des huiles étrangères importées dans Marseille, venaient alimenter l'une des plus importantes branches d'industrie, et remplir les nombreux besoins des fabriques de savon de cette place.

Si l'on apprécie les bénéfices que cette manipulation donnait aux fabricans, et les profits que notre balance commerciale retirait de l'exportation de nos savons pour la Hollande, pour le Nord, et surtout pour la Suisse, on avouera sans doute que toute mesure qui tend à restreindre nos nombreux débouchés, de quelque nom que le fisc la colore, est aussi funeste à l'état qu'au commerce.

On dira peut-être que si jadis les savons sortaient en franchise du port de Marseille, ils ne sont aujourd'hui pas plus grévés à la sortie, puisque le faible droit de balance de 15 centimes par 100 francs de valeur, le seul qu'ils paient, ne mérite pas d'être compté.

Mais les droits de 7 liv. 10 s., ou tout au moins de 4 liv. 10 s. que les huiles étrangères ont payés avant d'entrer dans les fabriques qui les consomment, ne sont-ils pas réellement supportés par les fabricans de savon ? Mais ne faut-il pas que ces fabricans en fassent supporter le poids au consommateur étranger? Mais, si les droits sur les huiles ne sont pas restitués à la sortie des savons, le montant du droit n'est-il pas supporté par les savons eux-mêmes? Mais enfin, si le consommateur étranger, outre le prix de la fabrication, est tenu de nous payer le droit dont nous aurons frappé la marchandise qu'il nous achète, se flatte-t-on qu'il ne diminuera pas ses achats et sa consommation en proportion du grévement auquel nous l'aurons soumis, et qu'il ne cherchera pas à se décharger, en traitant avec d'autres états, du fardeau trop lourd que nous lui aurons indiscrètement imposé?

Tel est le résultat inévitable qu'un régime fiscal a amené pour nous, et l'on ne doit pas s'en étonner; il était prévu et senti par les bons esprits; ils ont voulu le prévenir; mais leurs conseils ont été dédaignés, leur expérience a été méconnue, et leurs justes réclamations ont été sacrifiées à d'avides théories. Mais enfin, éclairé par le vœu du commerce, instruit par les erreurs de ceux qui l'ont précédé, rempli d'une généreuse émulation pour tous les genres de prospérité , riche de puissance et de volonté, le gouvernement ne sacrifiera plus l'intérêt de l'état à la chimère de l'égalité prétendue , que quelques sophistes réclament dans le commerce comme dans la législation , sans se rendre compte à eux-mêmes de l'intervalle qui les sépare.

Chacune des grandes places de commerce réclame en quelque sorte, sinon un système particulier, du moins des modifications au système général des douanes et des exemptions personnelles , suivant les rapports , les intérêts et les branches de commerce qui les distinguent, et qui, en dernière analyse, les associent toutes également à la prospérité générale.

Ainsi, Marseille ne jouissait jadis d'un port franc que pour l'avantage général de l'état ; ainsi, les huiles étrangères n'y devant point ou presque point de droits d'entrée, les savons de ses fabriques avaient un débouché d'autant plus sûr et plus facile, que la modicité de ses prix en augmentait l'exportation. Il faut donc de deux choses l'une, ou que Marseille, déclarée entrepôt ou port franc, (1) soit exempte de droit d'entrée sur les huiles, ou du moins qu'on restitue à la sortie des savons les droits d'entrée perçus sur les huiles d'Italie ou du Levant, pour que l'étranger ne soit pas assujetti à payer un droit de consommation qui ne doit atteindre que le consommateur national. (2) On sentira

---

(1) Voyez plus bas ch. 16 du port franc et des entrepôts.

(2) Enfin cette sage mesure vient d'être adoptée. Les savons sortant de Marseille reçoivent 5 liv. par quintal, soit à titre de restitution de droits sur les huiles, soit à titre de prime : cette fixation qui dédommage les fabricans des droits qu'ils ont acquittés sur les huiles étrangères, produira bientôt les plus heureux effets.

Cependant la mesure qu'on a prise ne suffit point encore. Les 5 fr. de restitution de droit ou de prime ne sont accordés qu'aux savons qui sont expédiés de Marseille pour l'étranger ; ceux qui sont embarqués pour nos ports du Ponent ou de la Manche, n'y participent pas. Ne serait-il pas également utile de déclarer que les savons achetés dans nos ports de l'Océan, à leur sortie pour l'étranger, recevront la même prime ? Alors nos places maritimes de l'Océan ne seraient regardées en queld'autant plus l'urgence de cette mesure, qu'en 1789 on pouvait compter au moins quinze mille demi-caisses, ou soit trente mille quintaux de savon qui s'expédiaient annuellement pour la Suisse, sans parler des autres débouchés, et qu'on serait en peine de déclarer aujourd'hui les quantités qui s'expédient pour cette destination, ou qu'on n'en ferait du moins l'aveu qu'avec cette confusion qui doit résulter des fausses mesures prises jusqu'à ce jour.

Mais ce n'est pas tout : le tarif des droits de sortie sur les huiles ne présente pas de moindres inconvéniens. Jadis les huiles d'olive ne payaient à la sortie que 1 liv. 10 s. pour droit de foraine , dont elles étaient même exemptes dans les six foires qui avaient lieu annuellement dans la ci-

que sorte, que comme un entrepôt pour les savons qui ne seraient pas consommés dans l'intérieur. Le négociant pourrait en tout tems réclamer la restitution des droits à la sortie ; et par ce moyen l'étranger pourrait s'en pourvoir en tout tems dans chacun de nos ports en franchise du droit. J'ose croire que cette mesure est le complément de la sage disposition qui vient d'être arrêtée.

devant Provence. Alors on encourageait la sortie de nos productions ; aujourd'hui on la gêne, car, par la loi du 19 thermidor an 4, elles doivent 5 francs par quintal, pour droit de sortie. D'où peut venir cette différence? serait-ce parce que les huiles françaises ne suffisent pas soit à la consommation, soit à la fabrication. Mais, dans ce cas même, loin d'en gêner la sortie, favorisez-en la circulation ; plus il en sortira, et plus il en entrera pour alimenter notre industrie ; le commerce français aura gagné le bénéfice de la spéculation, de la commission : du magasinage, et, dans ce mouvement, tout est profit pour la balance.

L'expérience elle-même prouve que le tarif de sortie de l'an 4 est vicieux ; il est de fait que les huiles importées d'Italie et d'ailleurs pour la fabrication des savons étaient versées dans de grandes piles, uniquement consacrées à les reposer et à les dépouiller. Après un certain tems on parvenait à en extraire une certaine quantité connue sous le nom commercial d'*huile lampante* , qui obtenait un grand débouché dans l'étranger, et qui offrait un grand bénéfice au commerçant.

La vente des huiles lampantes tirées de celles destinées à la fabrication, ne diminuait la quantité de celles - ci, toujours aisément remplacées, que pour donner plus de valeur aux autres. Par ce moyen, le fabricant achetait ses huiles de fabrique à un prix plus bas, et le négociant parvenait à en extraire une qualité supérieure, qu'il versait à un plus haut prix dans la consommation étrangère, et qui, en somme, diminuait le prix d'achat en faveur du fabricant.

Cette qualité d'huile sortait en franchise sans avoir payé d'autres taxes que les faibles droits du consulat ou de la chambre du commerce, acquittés à l'entrée; l'étranger l'obtenant à un prix raisonnable, multipliait ses expéditions et nos profits. Aujourd'hui, au contraire, ces huiles sont frappées d'un droit d'entrée qu'on ne restitue point, et qui prive Marseille d'un commerce avantageux. Sur la côte, les huiles de notre crû sont assujetties à un droit de sortie de 5 francs par quintal, qui n'en grève pas moins l'exportation. Et ce double vice en diminuant nos ventes à l'étranger sur une marchandise qu'il est de notre intérêt de lui fournir, nuit à la fois à l'industrie, à l'agriculture et au commerce. Il est donc aussi indispensable de réduire les droits de sortie sur les huiles de Provence, que d'affranchir Marseille du droit d'entrée sur les huiles étrangères, ou de les restituer à la sortie, quand la préparation intérieure a ajouté à leur valeur.

Or la restitution des droits, sur quelque marchandise qu'elle ait lieu, peut s'opérer de deux manières, soit pour comptant aux douanes, au rapport de l'acquit à caution déchargé, soit en bons du receveur, admissibles dans toutes mains, en paiement de tous les droits relatifs aux douanes.

Quand j'indique l'un de ces deux modes et surtout le dernier, c'est pour que le négociant et l'étranger n'éprouvent aucune entrave et n'aient point d'incertitude sur la restitution des droits, et qu'ils puissent toujours les donner pour comptant, ce qui ne pourrait avoir lieu si les receveurs n'étaient pas assujettis à un mode de paiement fixe et sévère; car alors toute restitution des droits , si elle n'était pas illusoire , serait au moins bien précaire, si l'officier pouvait opposer ou le défaut de fonds, ou des indications déterminées par le gouvernement, qui dans telles circonstances pourraient n'être que le prétexte de la mauvaise volonté.

SECTION III.

Rapport politique et système de réciprocité entre les douanes françaises et les douanes étrangères.

UN bon système des douanes doit, dans un état, être à certains égards, indépendant du régime différent que les états rivaux ont établi dans cette partie ; mais il en est d'autres où il doit leur être subordonné, de sorte que les tarifs en soient déterminés d'après l'action réciproque qu'ils exercent respectivement sur l'un et l'autre à l'entrée ou à la sortie des marchandises.

Ce système doit être indépendant sur tout ce qui se rapporte à l'industrie intérieure, à la consommation, à l'entrée des matières premières; car, sous chacun de ces rapports, les besoins de l'état qui consomme ou qui met en œuvre, étant absolus, déterminent seuls le droit à établir sans aucune sorte d'analogie avec les droits des états étrangers.

Mais il doit être réglé sur un tarif proportionnel dans tous les objets d'échange que des états rivaux fournissent respectivement aux besoins l'un de l'autre. Il est à cet égard une mesure d'égalité que la justice réclame : si même la balance pouvait pencher en faveur de l'un d'eux, ce serait au profit de celui qui, par une plus grande population, supposant de plus grands besoins, et offrant par conséquent de plus grands bénéfices à son rival, devrait pouvoir obtenir une modération dans le droit. Mais cette mesure de justice distributive ne sera jamais la règle de conduite des gouvernemens dans leur système de douanes. Il semble au contraire qu'établissant le tarif des droits sur l'urgence des besoins des autres peuples, ils les augmentent ou les diminuent en raison de ces besoins eux-mêmes.

Plus adroite qu'aucune autre nation, l'Angleterre, dans sa législation douanière ne s'est jamais écartée de ce triple objet : 1°. Favoriser l'industrie nationale; 2°. attaquer l'industrie étrangère; 3°. soumettre les états avec lesquels elle se met en rapport à payer une partie de ses propres taxes, même en restituant les droits. C'est surtout vis-à-vis de la Hollande, tandis qu'elle fut puissante; et à l'égard de la France, dans tous les tems, qu'elle a mis en pratique cet adroit système. Son acte de navigation fut dirigé contre le commerce maritime des Bataves; la plupart de ses droits d'entrée ou de ses prohibitions portent surtout contre les marchandises françaises. Nous l'avons souvent imitée, il est vrai, mais combien nous sommes restés au dessous d'elle! Faut-il pour le démontrer, d'autres preuves que celles qui résultent des traités de commerce que nous avons passés avec cette puissance, et qui tous nous ont été plus ou moins lésifs?

Qu'on juge ses motifs dans les bills qu'elle a rendus tant de fois contre les boissons fortes, en apparence parce qu'elles nuisent à la santé des peuples, et dans le fait pour empêcher l'entrée des eaux-de-vie de France. Qu'on apprécie l'esprit national qui a porté plus d'un riche particulier d'Angleterre à proscrire de sa table les vins de France. Qu'on examine ses lois sévères qui interdisent absolument l'entrée des marchandises des manufactures françaises. On jugera ensuite si nous l'avons égalée dans nos lois, si même nous avons approché d'elle par l'esprit national.

A cet égard, quelle erreur magique a pu jusqu'à ce jour nous empêcher d'ouvrir les yeux sur le peu de réciprocité des clauses qui nous lient respectivement dans nos traités de commerce? Comment avons-nous souffert que sur des marchandises pareilles elle établît des droits d'entrée plus forts contre nos productions, que contre les autres états qui pourraient également les lui fournir? La clause qui porte que les états contractans se traiteront respectivement comme les nations les plus favorisées

chez l'un ou l'autre, n'est-elle pas la première à insérer dans un traité de commerce?
Cette clause a-t-elle de fait jamais eu lieu
entre l'Agleterre et nous? Et n'avons-nous
pas été les premiers et souvent les seuls à
souffrir de l'avoir négligée? Que l'on explique autrement, si l'on peut, comment
il a pu se faire que l'Angleterre qui a si
peu de choses à nous fournir, lorsque nous
en avons tant à lui vendre, ait cependant
obtenu dans ses rapports commerciaux avec
nous une balance annuelle de 25 millions
de francs, quand c'est en notre faveur que
l'avantage de la balance aurait dû s'établir.
Que l'on reconnaisse à de pareils actes l'a-
dresse de ses lois commerciales, l'attention
de son gouvernement et l'habileté des agens
qu'elle emploie; qu'on y reconnaisse également l'incurie et l'inhabileté de nos lois,
de notre systéme et de nos anciens négocia-
teurs.

Il est tems enfin de réparer ces grandes
erreurs politiques, en établissant un système de réciprocité que la justice et l'intérêt réclament également. Mais pour cela,
il faut avoir commencé par rectifier le sys-

tême de nos tarifs. Que nos diverses marchandises ne soient plus soumises à des droits de sortie onéreux, qui autorisent soit les interdictions, soit les gros droits dont elles sont frappées à leur entrée par les douanes anglaises ; car, c'est dans la fixation des tarifs que le plus rend le moins, et que le moins donne le plus. Si nous avons un grand intérêt à vendre nos denrées aux Anglais, ils en ont un non moins grand à ne pas les acheter trop cher. Lorsque nos tarifs sont en rapport avec ceux de l'Espagne, avec ceux du Portugal, si quelques-uns même sont plus faibles et moins lésifs pour leurs consommateurs étrangers, ne sommes-nous pas fondés à exiger dans nos traités de commerce avec le gouvernement anglais d'être traités comme les nations les plus favorisées ? Lorsque les droits d'entrée sur les vins et les eaux-de-vie de Portugal sont fixés à un taux modéré en Angleterre, ne pouvons-nous pas prétendre, et prétendre avec raison, que l'entrée des nôtres ne soient pas assujettis à un droit trois beaucoup plus fort, tandis que nos qualités sont supérieures, et par conséquent préférables ?

C'est

C'est ici enfin, et l'on ne saurait trop insister sur cet objet, qu'il importe d'établir une balance matérielle dans nos tarifs de sortie avec ceux des autres états, de telle sorte que si, jamais ils ne sont plus faibles, du moins en aucun cas ils ne puissent être plus forts, pour l'avantage de nos exportations. Quand les droits seront ainsi sagement ordonnés, si quelque puissance cherche à trop s'isoler dans son système commercial ou douanier, nous pourrons user envers elle de justes représailles, sans qu'elle puisse ou nous accuser ou s'en plaindre : elle aura voulu gêner notre commerce, nous mettrons des entraves au sien ; les autres états nous imiteront dans leurs rapports respectifs avec elle ; elle sera punie avec justice d'avoir voulu rompre l'équilibre des compensations, et ses pertes seront la conséquence de son isolement et du système usurpateur qu'elle aura voulu introduire.

Enfin, j'ai indiqué, autant que je l'ai pu, les vices fiscaux qui contrarient notre commerce, sans pouvoir les analyser tous. Il me reste à dire un seul mot des transits et des prohibitions qui font une partie inhérente du régime des douanes.

Quant aux transits , il est toujours avantageux de les étendre , et jamais ils n'ont lieu par terre dans un état , sans lui offrir un bénéfice : je sais bien qu'il est des circonstances où il faut ou les réduire ou les empêcher ; mais le gouvernement ne saurait être trop sobre dans ses limitations. Je vais présenter un exemple qui , lui seul établit l'avantage et le danger du transit par terre , suivant les motifs qui en déterminent l'empêchement ou la permission.

D'anciens arrêts du conseil avaient jadis enlevé le transit par terre à l'indigo , au saffranum et à d'autres différens articles expédiés de Marseille , et destinés pour la Suisse. Cette prohibition , sage alors , fut fondée sur des motifs politiques. Les Suisses, à cette époque, aspiraient à établir chez eux différentes manufactures. L'intérêt du commerce français était d'empêcher des établissemens qui pourraient nuire aux fabriques nationales, par la rivalité qu'ils devaient leur opposer , et le refus du transit fut fondé sur l'intérêt de notre propre commerce.

Mais le transit existait par mer ; et il était une conséquence nécessaire du port franc. Les marchandises entrées dans celui de Marseille s'expédièrent à Nice par voie de mer ; et le roi de Sardaigne ayant dès-lors et peut-être par suite de notre refus de transit, fait construire une grande route de Nice en Suisse, ces marchandises purent arriver à leur destination par la voie du Piémont. Les fabriques de l'Helvétie s'établirent, se développèrent avec succès, et le refus de transit sur les matières qui leur étaient nécessaires depuis Marseille jusqu'au pont de Beauvoisin, n'apporta aucun obstacle à l'activité de cette nation industrieuse et économe.

Or, dès le moment où ces fabriques furent établies, malgré les entraves que la France leur avait opposées, la prohibition du transit qui jusques-là nous avait été avantageuse, devint nuisible à notre commerce ; puisque d'une part le but qu'elle avait d'arrêter l'industrie helvétique ne put être rempli, et que de l'autre la commission de passage, les frais de voiture et de consommation, le bénéfice des chargeurs et rouliers sur tous les objets prohibés qui avaient pris la route de Nice par mer, furent perdus pour nous sans dédommagement. Cela démontre suffisamment que la prohibition n'aurait pas dû survivre au motif qui l'avait fait établir, et que dès l'instant où les fabriques de Suisse furent en activité, nous aurions dû rétablir la faculté de transit par terre, pour ne pas nous priver de la part de bénéfices que nous pouvions légitimement prétendre sur les marchandises à la destination de cette république.

Il est aisé, par cet exemple, de fixer les cas où le transit par terre peut être accordé ou refusé à l'étranger. Toujours subordonné aux circonstances, il doit obéir à la variation des causes qui le déterminent et surtout à l'intérêt politique de l'état qui en fixe les avantages et les dangers, en le soumettant aux changemens que de nouveaux rapports et d'autres intérêts peuvent faire admettre suivant les tems et les lieux.

Quant à l'entrée par *acquit à caution* dans l'intérieur, je ne vois pas dans quels cas elle pourrait être refusée. Comme cette entrée n'est jamais demandée que par un motif d'utilité commerciale relativement à la teinture, à la fabrication ou à de nouveaux apprêts donnés à la matière ou marchandise introduite, l'intérêt de l'état indique l'entrée par *acquit à caution* comme un principe fixe dont on ne doit jamais se départir, hors des cas extrêmement rares où une pareille introduction pourrait présenter des dangers. A cet égard, je ne puis voir sans étonnement la résistance que l'ancien gouvernement opposa à M. *de Rostagni*, alors député du commerce de Marseille, qui sollicitait l'entrée *par acquit à caution* du coton filé du Levant. Cette introduction avait pour objet de soumettre cette marchandise au procédé de la teinture en rouge dont les fabricans étaient à Aix, et de la réexporter ensuite avec le bénéfice de ce nouvel apprêt. A force de soins, de sollicitations et de peines, ce député obtint cette faveur ; mais les difficultés qu'il éprouva, démontrent assez que l'ancienne administration était ou régie par des principes sans consistance, ou influencée par des intérêts qui n'étaient pas ceux du commerce. Cependant, la faculté de transit par terre ne doit point être indéterminément accordée à toute marchandise. Un intérêt constant et invariable ordonne de le refuser rigoureusement à toutes celles qui sont prohibées, par la raison que le bénéfice du transit quel qu'il soit, ne peut, en aucun cas, dédommager le commerce du préjudice que lui causerait le versement frauduleux dans la consommation d'une marchandise prohibée dont on aurait accordé le transit, à quelque peine que fût d'ailleurs assujetti l'avide spéculateur qui se serait livré à ce coupable monopole.

Les principes sur les prohibitions ne doivent pas être jugés d'après d'autres intérêts que ceux du commerce, qui seul peut les étendre ou les limiter suivant les lieux et les tems, et quelquefois d'après les règles d'une juste réciprocité. En général il est sur, les prohibitions commerciales, particulières aux différentes marchandises, des observations essentielles à faire valoir. Il faut, autant que possible, ne pas les étendre sur les articles dont on ne peut empêcher ou la consommation ou l'introduction, puisqu'en dernière analyse il vaut mieux acheter à bas prix de la première main, que d'acheter plus cher de la seconde, ce qui ne manque jamais d'arriver quand la prohibition est trop sévère.

Le commerce de l'Inde offre à cet égard un exemple toujours frappant des dangers des interdictions ; il n'est point de marchandises dont l'usage nuise plus aux manufactures françaises et anglaises, que celles des Indes. Cependant, ces deux états sont et seront toujours ceux où il s'en fera la plus grande consommation. Malgré la différence de leur position respective dans l'Inde, et en raison même des avantages de l'Angleterre, la France peut d'autant moins renoncer à ce commerce, que sa renonciation, toujours en pure perte pour elle, serait un supplément de bénéfice pour le commerce d'un état rival auquel elle paierait tout ce qu'elle consommerait de marchandises de l'Inde. Ajoutons encore que sa consommation serait d'autant plus chère, qu'elle se priverait de la faculté d'acheter de la première main, tandis que le bénéfice du fraudeur rendrait sans cesse illusoire la prohibition qu'elle aurait prononcée , et la surveillance des agens des douanes.

En général, il est très-peu de cas où les prohibitions d'entrée puissent s'appliquer, avec discernement, même dans les objets qui nuisent le plus à nos manufactures. Il suffit de les frapper d'un droit assez fort pour enlever à l'état rival qui veut les introduire, toute concurrence possible avec notre propre industrie ; la prévoyance ne peut aller plus loin : et rendre l'interdiction absolue, c'est souvent dépasser le but, au lieu de le remplir.

Mais les prohibitions de sortie ne sauraient être trop sévères, 1°. sur les denrées qui n'excèdent pas la quantité nécessaire à notre consommation , et sur lesquelles nous n'avons pas l'espoir de fonder un commerce avantageux , par le bénéfice du frêt, de la commission et de la revente résultans des importations et des réexportations multipliées que nous pourrions en faire ; 2°. sur les matières premières qui, avant d'être versées dans la consommation , ont besoin de recevoir une préparation que nous pouvons leur donner; car, dans cette hypothèse, l'exportation nuit à notre industrie et à notre commerce pour en enrichir l'étranger.

Si j'ai présenté un mode différent pour la sortie des sucres bruts, et si je me suis borné à demander un droit plus fort que celui qui existe, c'est par des considérations purement personnelles à notre régime colonial et à l'avantage des habitans des îles françaises, sans que cette distinction porte atteinte à l'unité du principe. Hors de ces cas, les prohibitions doivent être étrangères à un bon système commercial, et la liberté qu'il réclame dans ses transactions ne peut jamais être circonscrite, sans que l'état s'en ressente.

Mais, avant de finir ce chapitre, me permettra - t - on d'exprimer un vœu que je forme, et qui, s'il peut être exécuté, tend à étendre à la fois notre navigation et notre commerce. Je le soumets avec réserve aux bons esprits qui ont médité l'importante matière des douanes, et je le crois digne de fixer leur attention.

Ne serait-il pas possible de consacrer en principe, que tout vaisseau français exportant à l'étranger, et surtout dans le Nord, des marchandises ou nationales ou devenues telles par la préparation, et important en retour des marchandises nécessaires à notre consommation, à nos fabriques ou à notre marine, et toutes du crû du pays dans lequel il aurait exporté nos propres productions, non-seulement fût exempté de tout droit de sortie ou d'entrée sur les objets exportés ou importés, mais même pût recevoir la prime que j'ai indiquée dans le chapitre IX, relativement à la navigation ?

Si une pareille disposition était consacrée, j'ose croire que les légers sacrifices qu'il en coûterait d'abord aux douanes, seraient avantageusement compensés par les profits du commerce et par les accroissemens de la navigation française. Cette faveur serait comme de raison restreinte aux objets soumis à des droits, et nullement à ceux que l'intérêt du commerce aurait frappés d'une sage prohibition. Je soumets cette idée à la sollicitude du gouvernement. Je n'ose la présenter que comme un aperçu ; mais je la crois utile ; et l'on me permettra de ne changer d'opinion que lorsqu'on m'en aura démontré les dangers : alors même j'ose croire qu'on rendra encore justice au motif qui me l'a inspirée.

Supplément à l'Article III de la Section II.

Le troisième article traitant des droits sur les sucres était déja imprimé, lorsqu'a paru l'arrêté du 3 thermidor an 10, qui fixe les droits à percevoir sur les denrées et productions des colonies françaises.

Par cet arrêté, le gouvernement vient de rendre le droit d'entrepôt pour les denrées coloniales, aux places qui en jouissaient avant la révolution, et les ports de Nice, Ostende et Anvers participeront à cet avantage.

Par le tarif annexé à cet arrêté, 1°. les sucres bruts de nos colonies paieront d'entrée et à l'arrivée, 30 s. par cinq miriagrammes, ou soit par quintal.

Ils jouiront de la faculté d'entrepôt, sous

la soumission cautionnée de se réexporter de même nature dans l'année, ou de payer 13 fr. 50 cent. pour droit de consommation.

Le montant des deux droits s'élève donc à 15 fr. par quintal.

L'article VI porte qu'il sera payé aux rafineurs, pour les sucres rafinés en France, qui seront exportés à l'étranger, une prime de 25 fr. par cinq miriagrammes.

Examinons à présent les effets de ce double droit et de la prime allouée aux rafineurs en cas de réexportation.

En prenant le mode même le plus favorable aux rafineurs dans l'élaboration du sucre, deux quintaux de sucre brut produiront tout au plus un quintal de sucre rafiné.

Le fabricant aura payé 30 fr. de droits sur deux cents livres pesant de sucre brut, pour recevoir, à titre de prime, 25 fr. sur cent liv. pesant de sucre rafiné à la sortie. Il y a donc en différence un déficit de 5 fr. au profit du fisc et à la charge du manufacturier.

Mais, comme les deux cents liv. pesant

de sucre brut sont grévées d'un droit d'entrée de 3 fr., qui dans aucun cas ne sont jamais restitués, il résulte de l'assiette définitive du droit et de la prime , que le rafineur étranger mettant en œuvre nos propres sucres bruts qu'il sera venu acheter dans nos ports, aura sur nos propres fabricans un avantage de 2 fr. par quintal.

Le rafineur français aura de plus le désavantage résultant de la privation temporaire du capital destiné à l'acquittement du droit de consommation ; et la perte de cette avance est d'autant plus lourde, que le droit de 13 liv. 10 s. étant du tiers de la valeur de la matière, cette surcharge offre à l'étranger un nouvel avantage.

De là il résulte que l'étranger nous opposera une concurrence fâcheuse dans la vente d'une marchandise provenant du crû de nos propres colonies, et que nous ne pourrons lutter contre eux avec égalité dans la vente d'une denrée qui aurait dû en quelque sorte nous être exclusive.

D'autre part l'erreur que j'ai signalée et qui résulte du trop faible droit d'entrée que l'étranger acquittera sur les sucres bruts qu'il viendra acheter dans nos ports, pour en enrichir sa fabrication aux dépens de la nôtre, n'est point corrigée par le nouveau tarif : elle laisse nos fabricans exposés, 1°. aux effets d'une concurrence redoutable, qu'il eût été si nécessaire de prévenir ; 2°. au danger de voir leurs propres rafineries supplantées par celles des étrangers, qui les alimenteront avec nos propres matières.

En général l'administration actuelle des douanes compte à sa tête des hommes recommandables, qui ne sont point dirigés par des principes purement fiscaux ; mais avec les meilleures intentions, ils ne peuvent connaître les intérêts du commerce comme les négocians. Il est entre les deux professions une multitude de points d'opposition, qui, s'ils ne les rendent pas inconciliables, séparent du moins essentiellement leurs vues et leurs intérêts.

Dans le nouveau tarif, l'administration des douanes a été trop exclusivement consultée aux dépens du commerce, qui devait au moins avoir droit de présence dans la discussion et la fixation d'un objet qui intéresse si vivement une branche essentielle de fabrication.

Si les conseils de commerce de Bordeaux, de Nantes, de la Rochelle, d'Orléans, avaient été consultés, le gouvernement qui signale chaque jour de son administration par des bienfaits, aurait reconnu, 1°. qu'une prime est un avantage gratuit accordé comme encouragement ou comme récompense d'une exploitation utile ; 2°. qu'on ne peut point appeler du nom de prime une simple restitution de droits, surtout quand elle n'égale pas le montant des droits précédemment acquittés par ceux qui la reçoivent.

3°. Il aurait reconnu que l'ancien système emportant une restitution des droits absolue et une prime réelle, serait devenu véritablement plus avantageux pour la balance de l'état, précisément parce que telle restitution aurait été plus juste et plus utile pour les fabricans.

4°. Enfin, il aurait peut-être senti la nécessité d'élever les droits, à la charge des étrangers et de leurs rafineries; car le supplément de droit aurait tourné au profit de notre propre fabrication, soit qu'il l'eût accordé à nos rafineurs à titre de prime, soit même qu'il en eût fait la propriété du fisc; puisque dans ce cas le droit plus élevé que les étrangers auraient payé sur nos sucres bruts, aurait suffi avec la restitution du droit de consommation, pour mettre nos rafineurs en mesure de ne pas craindre la concurrence des rafineurs d'Hambourg, de Fiume et de Trieste.

Un mot encore. Jadis les sucres terrés dans nos colonies, à leur entrée en France, payaient un droit de consommation triple de celui que payaient les sucres bruts. Le nouveau tarif porte le droit de consommation sur le sucre brut à 13 liv. 10 s., et ne porte celui du sucre tête et terré qu'à 22 liv. 15 s. Quel sera l'effet inévitable de ce tarif, sinon de multiplier en France la consommation des sucres terrés des colonies aux dépens de nos propres rafineries, puisque cette consommation avait lieu jadis, quoique le droit sur les sucres terrés fût trois fois plus élevé que celui sur les sucres bruts?

On ose donc penser que le droit sur le sucre

sucre tête et terré des colonies, aurait dû
être au moins le double de celui imposé aux
sucres bruts. Si ceux-ci paient en tout 15 fr.
ceux-là auraient dû payer au moins 3o fr.
pour conserver entr'eux une parité que
le nouveau tarif a détruite.

Mais, d'autre part , pour provoquer la
réexportation et la consommation des sucres
terrés des colonies, (si tant est qu'on doive
y permettre le terrage,) au lieu du droit
d'entrée de 2 fr. 75 c. que paient les sucres
terrés des colonies, on aurait dû ne les
gréver que d'un simple droit de balance.
Ainsi les colons et les rafineurs de la métropole auraient vu leurs intérêts respectivement garantis, sans que l'étranger eût
été grévé d'une surcharge de droits.

CHAPITRE XV.

De la contrebande et de la fraude.

La contrebande est l'effet inévitable d'un mauvais système de douanes. Trop hausser les droits, c'est inviter à les frauder. La cupidité trouve souvent son compte à se mettre au dessus des lois. Les risques qu'elle court sont toujours avantageusement couverts par les bénéfices qu'elle obtient. Mais le pire effet des droits trop onéreux, c'est d'encourager le pauvre à s'y soustraire, en achetant clandestinement les objets dont il ne peut se passer, et auxquels il ne pourrait atteindre, s'il fallait ajouter à leur prix celui de la taxe, dont ils sont grévés. S'il est découvert, son excuse est dans sa misère, qui souvent peut l'absoudre, si elle ne le justifie pas.

Il est plusieurs sortes de fraudes qui ont des caractères plus ou moins graves, et qui prennent même des noms différens suivant le mode qui les colore, et suivant que les individus ou les corps qui s'y livrent sont plus puissans.

On appelle du nom de contrebande l'introduction ou l'extraction clandestine de certaines marchandises ou prohibées, ou soumises à de certains droits, lorsqu'elles sont faites obscurément par des particuliers, soit qu'ils appartiennent tous à la nation dont on fraude les droits, ou qu'ils aient des associés étrangers.

Mais, lorsqu'un ou plusieurs états favorisent la fraude de leurs sujets respectifs chez une ou plusieurs nations rivales ; lorsque ces états s'y livrent eux - mêmes pour fonder des profits illicites sur la violation du droit public des nations, alors ce nouveau genre de fraude prend le nom de commerce clandestin ou commerce interlope.

Enfin, quand il s'agit de ce trafic exclusif, qui parfois se pratique à l'ombre des traités que l'adresse ou la force arrachent à l'inexpérience ou à la faiblesse, qui plus souvent s'exerce ouvertement et quelquefois même à main armée ; quand il s'agit, dis-je, de ce droit abusif, de ce commerce scanda-leux, qu'en saine politique on devrait plus que tout autre flétrir du nom de contre-bande, et punir comme tel par l'accord unanime des nations, un misérable subter-fuge, inventé par un sot orgueil, le désigne et le signale sous le nom de monopole, comme si un nom moins flétrissant pouvait affaiblir le délit.

Mais, qu'ont gagné à cette pointilleuse délicatesse les nations qui l'ont inventée ? Pour colorer leurs plans usurpateurs et leur isolement, le mot de monopole est devenu, s'il est possible, plus odieux en politique, que celui de contrebande en législation cri-minelle ; et l'impunité que la force semble assurer aux états qui l'exercent, ne fait qu'ajouter un trait de plus à la juste haîne qu'ils inspirent.

Comme je n'écris point un traité sur les délits ou sur la législation criminelle, mais sur les intérêts commerciaux de la nation française, je m'arrêterai peu sur cette es-pèce de contrebande privée qui s'exerce obscurément entre particuliers d'un même état. Quelque tort que ses actes répétés portent au commerce général d'un empire, de plus grands intérêts m'appellent, et je me bornerai à dire que les lois qui punissent les fraudeurs, et contre lesquelles s'élèvent quelques publicistes, n'ont rien que de légitime et de moral. Elles sont indispensables à l'ordre social, lorsqu'un gouvernement a la sagesse d'établir un système d'imposition tellement pondéré, qu'il ne grève pas trop le pauvre, et que l'attrait du bénéfice résultant des droits trop élevés n'est pas un piége continuellement offert à la faiblesse, et peut-être à la misère de l'homme que ses besoins sollicitent à se livrer à son impulsion.

Cependant, je ne puis me dispenser d'exprimer le vœu que forment tous les bons esprits, relativement à cette partie de notre législation criminelle. La fraude, pour avoir lieu, a besoin du concours de deux agens. 1°. Celui qui la reçoit ou qui la commande et la paie. 2°. Celui qui l'exécute, le plus souvent pour un modique salaire. Or, il est évident que le plus coupable des deux n'est pas l'agent obscur qui se laisse séduire pour un peu d'or, mais bien celui qui la commande et qui seul en recueille les immenses profits. La loi qui punit d'une peine corporelle le contrebandier, ne prononce que la confiscation et une amende contre celui qui reçoit la marchandise clandestinement introduite, tandis qu'elle ne prononce rien contre l'ordonnateur du délit; et c'est précisément le contraire qui devrait avoir lieu. N'est-il pas évident que la gradation de la peine devant suivre la gradation du délit, l'ordonnateur de la fraude étant le plus coupable, la peine à lui infliger devrait être plus sévère que celle imposée à l'instrument qu'il emploie? Dès-lors, si la loi soumet à une peine corporelle l'obscur agent de la fraude, ne serait-il pas à desirer qu'on ajoutât à la confiscation et à l'amende une note infamante, non-seulement contre l'individu qui reçoit la marchandise fraudée, mais surtout contre le cupide spéculateur qui en ordonne l'extraction ou l'introduction? Alors, peut-être au défaut de la probité et des lois, la double crainte de perdre sa réputation et sa fortune retiendrait d'autant plus sûrement l'homme immoral, que l'amour de l'or est la cause première de la fraude à laquelle il se livre, et que le plus souvent indifférent sur l'honneur, il ne l'est pas sur la réputation dont il a besoin pour fonder ses profits et satisfaire son avarice. Nous croyons cette sévérité contre le coupable d'autant plus nécessaire, qu'en général on n'apprécie point alors les effets qui résultent de la fraude contre le négociant loyal.

Combien de fois ce genre de délit de la part d'un homme cupide n'a-t-il pas suffi pour opérer la ruine d'un négociant qui n'eut d'autre tort que de respecter son propre caractère, et de ne pas enfreindre les lois de son pays?

Supposons, par exemple, qu'il existe sur une même place deux négocians qui ont fait des approvisionnemens considérables sur une marchandise soumise à des droits d'une certaine importance. Tous deux attendent l'évènement de la vente pour réaliser leurs profits ou leurs pertes. L'un d'eux, fidelle aux lois, a loyalement acquitté les droits; l'autre, indifférent sur les moyens de s'enrichir, s'est livré à la fraude, et par elle a obtenu sur son émule un prix d'achat de dix pour cent plus bas. Il est évident qu'il peut se relâcher de cinq pour cent sur le prix de ses ventes, et gagner encore un supplément pareil en sus du bénéfice ordinaire.

Qu'arrive-t-il alors? le consommateur sans examiner les causes, achète de préférence dans les magasins de celui qui lui vend à meilleur marché ; ceux du négociant probe restent intacts ; l'un ajoute à ses profits une partie des bénéfices de la fraude et s'enrichit ; l'autre perd, outre les profits légitimes qu'il a dû espérer de ses ventes, l'intérêt des sommes que lui a coûté sa marchandise, et se ruine : l'un finit par obtenir les avantages que la richesse est sûre de fixer ; l'autre n'inspire que la pitié ou le mépris qu'on a pour le malheur ou pour la misère. La considération est pour le fripon, et la honte pour l'honnête homme.

Que l'on daigne réfléchir un moment sur ces effets inévitables de la fraude, et l'homme sensible se reconciliera avec la sévérité des peines dont on doit flétrir le négociant infidelle.

Examinons à présent les effets du commerce clandestin et de la contrebande pour les états qui s'y livrent respectivement l'un envers l'autre.

Il est entre les nations un systême d'équilibre, de compensation et de réciprocité, qui assurerait leur indépendance politique, si la rigoureuse observance de cette loi première était garantie par une union franche contre tout état qui aspirerait à l'enfreindre. On verrait moins de ces guerres allumées au profit de quelques ambitieux; on verrait moins de ces usurpations plâtrées par des manifestes insidieux; on verrait moins de ces grandes injustices colorées du prétexte d'intérêt d'état; enfin, on verrait moins de duplicité dans les transactions politiques et commerciales; et l'état qui, le premier, oserait fonder ses profits illégitimes sur les pertes de ses rivaux, serait aussi le premier puni de son isolement.

Mais, dans l'état actuel de l'Europe, ces grandes maximes de justice distributive sont trop méconnues. Chaque peuple dans son égoïsme systématique, fonde l'esprit national non sur l'amour qu'il porte à sa patrie et à ses lois , mais sur la haîne qu'il ressent pour les peuples rivaux. Pour lui, les pertes qu'ils éprouvent sont des biens, leurs avantages sont des malheurs : et calculant ses profits commerciaux sur les entraves qu'il oppose à l'industrie étrangère, il s'estime à la fois le plus habile et le plus heureux, lorsqu'au mépris de toute justice il obtient contre eux les avantages d'un commerce clandestin, fondé sur la mauvaise foi, et quelquefois sur la violence.

Tel est le point où en est réduite l'Europe ; et si cette funeste tendance à la démoralisation n'a pas un terme , bientôt le système commercial de chaque peuple pourra être réduit à ce principe unique , *faire au commerce étranger le plus grand mal possible, n'importe par quels moyens.*

Cependant, il faut le dire à son honneur, la France est de toutes les nations maritimes celle à laquelle on peut le moins reprocher d'avoir fondé ses établissemens commerciaux par la violence , dans les trois parts de la terre qui sont devenus le patrimoine des marchands d'Europe. Elle n'a

point à rougir de ces actes de barbarie qui
ont signalé les conquérans et les domina-
teurs des deux Indes ; et ses établissemens
n'ont point été cimentés du sang des indi-
gènes.

Dans ses rapports avec les nations de
l'Europe, elle ne partage qu'avec l'Espagne l'honneur d'avoir le moins de duplicité et de perfidie à se reprocher. Ses actes,
ses rapports mercantiles ne sont point mar-
qués du caractère de la finesse ou de la
mauvaise foi. Ses traités de commerce, loin
de porter l'empreinte de la duplicité, sont
le plus souvent combinés sur des principes
d'égalité, et plus d'une fois son intérêt y
a été sacrifié par l'indifférence ou par la
faiblesse. Presque toujours elle a souffert
que le commerce interlope et le monopole
des états rivaux, les enrichissent à leurs
dépens, sans se mettre en peine de les pré*
venir et de les arrêter. Heureuse et con-
tente de tous les dons que la bienfaisante
nature avait départis à son sol et à ses habitans, elle a vécu sur sa propre richesse,
sans chercher à l'accroître aux dépens de
ses rivaux, et sans leur imposer chez elle

d'autres gênes que celles qu'une administration protectrice doit établir pour favoriser l'industrie nationale.

Si quelquefois les taxes qu'elle a perçues ont été trop élevées, le dommage en est retombé sur elle-même, plus que sur les étrangers qu'elle avait voulu gréver; et nous en avons vu la preuve dans le chapitre précédent. Si enfin un système de réciprocité peu sagement ordonné l'a dans quelques circonstances portée à favoriser la contrebande de ses marchands sur le territoire étranger, nous allons démontrer qu'elle en a toujours été punie la première; puisqu'il est vrai de dire que de tous les états de l'Europe, la France est celui auquel il convient le moins de favoriser ou même de permettre la contrebande.

Les gouvernemens, en général, tolèrent le commerce clandestin que font leurs négocians dans les états étrangers. Cette tolérance est le fruit du génie fiscal qui les dirige tous plus ou moins, et de la fausse application qu'ils font des principes qui doivent régir cette matière. Ils supposent que le commerce clandestin que les négo-

cians français, par exemple, feront en
Angleterre, ne grèvera que le fisc anglais,
et ils croient, par ce bénéfice apparent, avoir
de bonnes raisons de le permettre. Mais ils
oublient qu'ils sont exposés à de fâcheuses
représailles, et que par cette tolérance
coupable ils peuvent perdre eux-mêmes
beaucoup plus qu'ils ne croient faire perdre
au commerce étranger.

En effet, si nos vins peuvent entrer en
fraude à Londres par la collusion d'un négociant anglais avec un négociant français,
leur intelligence sera la même pour inonder la France de marchandises anglaises prohibées. L'introduction furtive de nos vins
en Angleterre sera favorisée par nous ; l'introduction des étoffes de Manchester en
France, le sera par l'Angleterre : les négocians qui seront les agens de cette double
fraude, seront réciproquement encouragés
par les deux états dans l'importation isolée
de l'une et l'autre de ces marchandises. Ils
trouveront également des profits et des encouragemens à renouveler leurs manœuvres.
Les deux gouvernemens auront sacrifié la
loyauté en pure perte ; ils se seront trom-

pés sans se nuire; ils seront au pair sans s'en douter ; et s'estimant toujours moins, ils auront continuellement besoin de s'armer l'un contre l'autre de précautions toujours humiliantes et toujours trompeuses.

Maintenant, si j'examine leur situation respective, les effets de la fraude ne sont plus les mêmes, et ils s'agravent au préjudice de l'état qui a le plus à perdre dans ces obscures machinations ; de telle sorte que, quand tous les profits sont pour l'un , toutes les pertes sont pour l'autre. Quelques préventions qu'on y porte, il est impossible de ne pas reconnaître qu'il ne peut y avoir entre l'Angleterre et nous parité de chances dans ce honteux trafic.

L'état le plus populeux suppose nécessairement une consommation plus forte. Or, l'état qui consomme le plus est à coup sûr celui qui doit le plus souffrir de la contrebande. Le rapport de la population de la France avec l'Angleterre est comme trois sont à un ; et, en supposant toutes choses égales d'ailleurs, le bénéfice des fraudeurs anglais peut résulter d'une introduction trois fois plus forte que celle que nous pouvons faire dans la Grande-Bretagne.

On dira sans doute qu'il existe des marchandises qui nous sont personnelles, et que nous pouvons verser en Angleterre sans crainte de réciprocité, et que pouvant nous suffire à nous-mêmes sous le rapport industriel, les avantages de la fraude disparaissent pour l'Angleterre ; puisque ses marchandises seront haussées de tous les prix de la fraude, et que cette hausse sera à l'avantage des nôtres.

Un jour peut-être ce résultat pourra avoir lieu, et nous devons de tous nos vœux en hâter l'instant : mais aujourd'hui ce serait être aussi étranger aux évènemens qu'au commerce, que de le supposer. Nos vins, nos eaux-de-vie, etc. peuvent, il est vrai, entrer en fraude en Angleterre ; mais avec quel avantage pour eux les Anglais ne nous le rendent-ils pas par l'introduction clandestine de leurs toiles de coton, de leurs aciers ouvrés, etc. ? Et le prix infiniment plus bas qu'ils peuvent établir dans cet article leur permet même, après avoir payé le prix de la fraude, de lutter et de l'emporter sur les objets de notre propre industrie. Or, soit que le plus bas prix de leurs marchandises provienne du perfectionnement de leurs machines, des encouragemens qu'ils accordent à toute mécanique qui peut économiser les bras et diminuer le prix de la main-d'œuvre, ou de toute autre cause, il suffit que ce plus bas prix existe pour que leur concurrence nous soit funeste ; et elle nous l'est d'autant plus, que ses versemens en fraude sont plus grands et plus faciles.

Notre situation n'est-elle pas encore aggravée par l'introduction des marchandises de l'Inde, dont les Anglais, depuis dix ans, ont exclusivement le monopole ? Ne serait-on pas effrayé à bon droit s'il était possible de faire le relevé des sommes immenses en numéraire, que la contrebande des toiles du Bengale a fait sortir de France ? C'est ici que toute réciprocité disparaîtrait entre les deux nations, si l'on observe la consommation qui doit se faire chez nous des denrées d'Asie, en la supposant même dans son *minimum*, et la quantité énorme que nos rivaux en ont

dans

dans les entrepôts de leur île, et dans les magasins continentaux qu'ils établissent toujours à portée de nos frontières, et dont la ligne s'étend, comme celle des places fortes, depuis Berg-Op-Zoom et Bréda jusqu'à Cologne, et même jusqu'à Francfort, et sur l'Océan, par les entrepôts de Gersey et de Guernesey.

Cette funeste facilité de nous inonder furtivement des productions de l'Asie n'est pas une des moindres causes qui doivent contribuer à rétablir et à encourager notre commerce de l'Inde, et à le confier aux mains d'une compagnie unique, si nous voulons le faire au plus bas prix possible, et échapper au tribut aussi lourd qu'humiliant que l'Angleterre nous impose.

Si d'Europe je passe en Amérique, c'est encore là que l'Angleterre s'est ouvert une nouvelle source de bénéfices, en établissant un commerce interlope avec nos propres colonies, soit par les extractions qu'elle fait de nos denrées coloniales, soit par l'introduction des nègres, que de tout tems elle a pu fournir à nos planteurs, avec d'autant plus d'avantage pour elle que le prix auquel elle peut les leur vendre fut toujours inférieur à celui des nègres, que nos propres navires allaient traiter à la côte d'Afrique ou à celle de Mosambique.

C'est dans cette partie du monde que les Anglais ont porté très-loin et les prétentions et la contrebande. Les îles espagnoles sont pour eux une mine féconde qu'ils exploitent à leur gré. Dès longtems le sol épuisé de la Jamaïque ne leur fait plus trouver dans cette colonie les profits de la culture. Les denrées qu'elle leur fournit sont hors de proportion avec les dépenses qu'elle exige ; mais sa position entre les îles et le continent d'Amérique en a fait le grand marché, et peut-être l'entrepôt unique de la contrebande qui s'exerce dans cette partie du nouveau monde, depuis la baie de Campêche jusqu'aux bouches de l'Orénoque, et depuis la Havane jusqu'à la Trinité, qu'elle vient d'incamérer, pour ajouter peut-être bientôt aux riches produits de cette île féconde et presque neuve le moyen d'étendre son interlope jusqu'à l'embouchure de la rivière des Amazones.

Les Hollandais ont aussi établi en Amérique un commerce interlope avec les colonies espagnoles par leurs îles sous le vent. Mais ceux-ci du moins n'ont jamais employé que l'adresse, tandis que les Anglais, plus audacieux, n'ont pas craint plus d'une fois d'avoir recours à la force ouverte pour protéger leur contrebande.

A Dieu ne plaise, qu'artisan de discorde, je cherche à troubler l'harmonie heureusement établie ; mais enfin il est entre les nations des droits réciproques qu'on ne viole jamais impunément et contre lesquels la justice et l'intérêt ordonnent de réclamer en tout tems. N'aura-t-on pas lieu de s'étonner que l'Angleterre, toujours si attentive à exécuter rigoureusement les prohibitions qu'elle établit, que l'Angleterre, toujours si prompte à attaquer tout état qui oserait attenter à ce qu'elle appelle ses privilèges comme à ses droits réels, que l'Angleterre enfin, qui, dans son île, punit avec tant de sévérité la contrebande, croie pouvoir elle-même, sans respect pour le droit public, s'y livrer impunément chez ses rivales ? Les contrats qu'elle passe sont-ils sans réciprocité ? En enchaînant les nations par des traités, pense-t-elle s'affranchir de leur exécution? Le monopole n'est-il un crime que chez elle et contre elle, et ce trafic odieux prend-il à ses yeux un caractère de légitimité quand c'est elle qui l'exerce?

Ne serait-on pas fondé à penser que, soumettant les principes immuables à la versatilité de ses intérêts, elle n'a pas elle-même une autre idée du commerce interlope, quand on parcourt les ouvrages de quelques-uns de ses écrivains, quand on considère l'opinion que le gouvernement lui-même attache et la protection qu'il accorde à ce funeste monopole; enfin quand on observe qu'il existe, comme le dit l'auteur de l'Intérêt des nations, un contrat en vertu duquel *le vaisseau de guerre anglais exige de l'interlope 5 pour $\frac{o}{o}$ sur la vente, pour prix de la protection qu'il lui a accordée?*

Mais enfin les peuples, tôt ou tard, s'éclairent sur leurs intérêts repectifs. L'Espagne semble disposée à revenir sur son impolitique système; la France commence à porter un œil attentif sur ses intérêts commerciaux ; les leçons du malheur l'ont instruite ; l'expérience ne tardera pas à y remplacer des théories incertaines ; et tout peuple monopoleur n'a pas à jouir long-tems encore de ce funeste privilège. Les états du Nord et du Midi ont le même intérêt à faire respecter leur indépendance et d'empêcher qu'aucun d'eux puisse fonder des profits illicites sur l'oubli du premier de tous les principes des nations. L'Angleterre elle-même, quels que soient les bénéfices qu'elle en retire, sera forcée de se circonscrire dans de justes limites : et peut-être enfin il ne sera plus permis à aucun des états qui composent la République d'Europe d'appuyer la fraude par la violence.

Il est encore un autre genre de monopole contre lequel le tems est venu de s'élever avec une généreuse indignation. C'est celui qui se fonde sur les malheurs et sur les sacrifices de l'espèce humaine ; et c'est dans l'Inde qu'en est le siège principal.

Le rafinement de l'avarice batave sur la côte d'Asie est allé jusqu'au point d'essayer de frapper de stérilité les terres les plus fécondes. Longtems maîtres exclusifs du commerce des épiceries, les facteurs de Batavia et leurs maîtres ont payé des Indiens dont la seule occupation était de détruire jusqu'aux racines du canelier et du géroflier, pour empêcher que l'Europe ne fût approvisionnée à trop bas prix de ces précieuses aromates, ou dans la crainte que des nations rivales ne parvinssent à les naturaliser dans leurs possessions repectives.

Sur la côte de Coromandel, les agens de la compagnie anglaise viennent d'enchaîner un peuple sans l'avoir asservi. Redoutant l'activité des Marates, ils leur ont sévèrement défendu, par le traité de *Ponin*, d'entretenir aucune sorte de communication avec les Européens, à moins qu'ils ne fussent pourvus de passe-ports de l'administration anglaise.

Cet acte du despotisme mercantile de la compagnie n'est-il pas la plus odieuse des violations du premier, du plus sacré de tous les droits ? N'est-il pas attentatoire aux libertés de l'Europe ? N'attaque-t-il pas directement tous les peuples qui ont des relations aux Indes, et nous tout les premiers? Quoi! les Français, les Hollandais, les Américains verront leur activité enchaînée, leurs relations commerciales ou politiques détruites dans l'Inde, parce qu'il aura plu à une association de marchands de s'en réserver le monopole! Si le hasard ou des intérêts mercantiles nous conduisent sur les bords du *Godaveri*, nous y trouverons un peuple, le plus actif et le plus industrieux de ceux de l'Inde, qui n'osera ni nous recevoir, ni traiter avec nous, ni accepter ou nous rendre ces bons offices et ces échanges de bienveillance qui ont lieu entre les nations les plus étrangères les unes aux autres, parce que leurs maîtres le leur auront défendu, ou parce que nos marins auront refusé et dû refuser de se soumettre à l'humiliation de se munir de passe-ports anglais!

Ne reconnaîtra-t-on pas dans ce double attentat l'exemple du plus odieux monopole que dans aucun tems la cupidité ait pu se permettre? Les fastes de l'univers en ont-ils jamais offert de semblable? Et les Romains, aux jours de leur toute-puissance, ont-ils jamais poussé plus loin le délire des prétentions , quand les trois parts de la terre gémissaient sous leur joug de fer ?

Si ces prétentions odieuses peuvent être envisagées sous leur rapport moral; si à ces exemples de l'égoïsme nous opposons des traits plus consolans et plus honorables, quelle étrange contrariété ne serons-nous pas forcés de reconnaître dans les sentimens et les passions qui conduisent ou égarent l'espèce humaine ! Tandis que *Cook* et *Lapeyrouse* , nobles martyrs de l'humanité, explorent les côtes les plus inconnues et les plus dangereuses pour augmenter la grande famille du genre humain et en mettre en rapport tous les membres épars , d'autres ne s'engagent dans les voyages les plus difficiles, que pour donner à leur gouvernement les moyens d'augmenter ses trésors et ses esclaves. Tandis qu'un peuple ne détruit à Amboine le giroflier et le canélier, que pour en augmenter le prix en Europe, en les rendant plus rares, conduit par une généreuse émulation , un autre dérobe à Otahiti l'arbre à pain , pour l'implanter dans des climats plus voisins, et ajouter

cette production précieuse à celles dont
la nature a doté notre hémisphère. Tandis qu'une nation cherche à étendre son
joug sur la plus riche et la plus populeuse
portion de la terre, sur une côte opposée,
elle défend ses droits et sa liberté dans
son île, et reproche à ses rivaux des prétentions dominatrices, sans faire attention
que les plans qu'elle suppose sont les accu-
sateurs de son propre système.

C'est ainsi que tous les peuples de la
vieille Europe, poussés en sens contraire
par leurs passions et par leurs intérêts, con-
damnent, dans autrui, ce qu'ils se permettent à eux-mêmes, et font le bien et le mal,
suivant que leur égoïsme le commande.
C'est ainsi que, sur des points différens, ils
sèment les bienfaits, et les outrages ; ils
vantent la liberté et se constituent en état
de tyrannie; comme si la justice et la morale
pouvaient jamais voir fléchir l'inflexibi-
lité de leurs principes ; comme si on pouvait en altérer les maximes en changeant
de climat. Enfin, c'est ainsi que les passions
contrariant les lois immortelles de la nature et modifiant les lois sociales, il s'est

établi dans l'univers une balance peut-être inégale entre les biens et les maux que les hommes se font entr'eux. Ils se servent et se nuisent ; ils s'aiment et se haïssent ; et dans cet échange continuel de bons et de mauvais offices , tout se contrarie , et peut-être hélas! rien ne se compense

Ainsi le commerce qui dut être le lien le plus sûr pour les attacher les uns aux autres, a vu s'affaiblir ses heureux résultats, quand la cupidité a pu changer ses bienfaisantes combinaisons en plans monopoleurs. Mais enfin ce n'est plus de nos jours que l'on doit s'attendre à voir sanctionner les actes que je viens de signaler. Tout peuple exclusif, qui désormais voudra se séparer des autres, verra punir son égoïsme par l'abandon de tous. S'il est de ces actes lésifs que l'état de guerre tolère sans les justifier, ils ne doivent pas survivre à la cause qui les fit naître, et la paix doit les faire cesser. Que dis-je? la paix ne peut être durable entre les nations qu'autant qu'elle est fondée sur le sacrifice réciproque des prétentions trop hautaines. La faiblesse ne peut sanctionner longtems les traités que la violence dicta ou que l'adresse fit souscrire ; et le secret unique de rendre les traités inviolables, si jamais ils peuvent l'être, c'est d'en fonder les bases sur l'impartiale équité.

Français, Anglais, Germains, Russes, peuples d'Europe, vous tous qu'un même esprit anime, vous tous qui n'avez plus un seul système, un seul intérêt qui ne vous soit commun avec ceux que naguères vous regardiez comme des rivaux ou des ennemis, en songeant à vos droits, ne méconnaissez pas ceux des autres états ; en faisant valoir vos justes prétentions , n'outragez pas celles qu'ils peuvent légitimement vous opposer ; et commencez une bonne fois à regarder le monopole commercial que vous essayez de pratiquer chez les autres, du même œil dont vous regardez celui qu'ils voudraient établir à votre préjudice. Ne vous faites plus exclusivement le centre des lois qui régissent l'univers politique. Ne regardez plus comme un sujet de triomphe les clauses humiliantes que vous aurez cherché à faire souscrire. N'imposez plus des lois en signant des traités. Ne méconnaissez plus la plus sainte de toutes les maximes, et n'insultez plus à des états ou rivaux, ou plus faibles, par des contrats sans réciprocité.

Mais ce vœu que j'ose former, et que tout bon citoyen doit partager avec moi, quel que soit son pays, serons-nous assez heureux pour le voir s'accomplir ? Peut-être il est permis d'espérer que les nations ne pourront plus se permettre de faire le monopole à main armée : mais le commerce interlope des états entr'eux, mais les introductions clandestines des marchandises prohibées par des particuliers appartenant à des nations différentes, pouvons-nous nous flatter de les arrêter? non, sans doute; ce que la force n'osera plus tenter, l'adresse l'essaiera encore entre les nations; ce que les lois défendent, la cupidité l'éludera chez les particuliers. Si l'interlope peut être favorable à un état, on ne verra point son avarice y renoncer; si la contrebande offre des profits au négociant infidelle, sa conscience et les lois seront impuissantes pour l'arrêter.

Quels sont donc les moyens les plus propres, sinon à détruire, du moins à diminuer la Fraude ? il n'en est que deux qui soient praticables : 1°. modérer autant que possible les droits d'entrée et de sortie ; les bâser sur un rapport direct avec l'intérèt du commerce de l'état, et surtout ne jamais les regarder comme un moyen bursal qui puisse accroître, les revenus du fisc. La fausse application qu'on a faite des droits de douane aux besoins de l'état, a été en tout tems un piège tendu par la finance au gouvernement ; et celui-ci dans ses momens de détresse n'a plus vu d'autre ressource que d'établir de nouveaux droits, sans examiner si la denrée imposée pouvait les supporter, et si le droit nouveau avait d'autre effet que de réduire la consommation intérieure ou étrangère. Il est certain que des droits trop forts, que des droits qui offrent des bénéfices hors de proportion avec les risques de l'introduction frauduleuse, sont pour l'ordinaire le plus puissant stimulant de la contrebande, toujours assez adroite pour couvrir ses dangers par ses précautions.

2°. Dans le cas où un intérêt bien entendu aura ordonné de prohiber l'entrée ou la sortie d'une marchandise quelconque, on l'aura soumise à de gros droits, que la vigilance des lois, que leur juste sévérité atteigne par-tout le coupable et tous les genres de coupables. Que la peine soit par-tout proportionnée au délit contre l'ordonnateur, contre le receleur de la fraude, comme contre l'obscur mercenaire qui s'en rend l'instrument.

Le gouvernement anglais punit de mort les contrebandiers; ils étaient soumis à la même peine par nos anciennes lois. Eh bien! si le gouverneur de la Havane ou des autres îles espagnoles faisait pendre sans répit le premier fraudeur anglais qui oserait y introduire des marchandises prohibées, et le fraudeur espagnol qui oserait les recevoir, ceux qui voudraient l'imiter y penseraient à deux fois; et je doute même que le gouvernement britannique osât s'en plaindre, si une fois enfin on ne regardait plus comme une chimère l'indépendance des nations, et si la cour de Madrid s'affranchit des clauses humiliantes de ses anciens traités. De justes représailles soumettraient dans tous les états les mêmes délits à la même peine; et cette partie essentielle du droit public des nations ne serait plus différemment interprêtée suivant les lieux, les tems et la puissance des états qui en souffrent ou qui s'en plaignent.

J'ai vu des hommes se récrier contre la sévérité des anciennes lois sur la fraude. Mais c'est moins de la contrebande intérieure que de celle du commerce interlope dont il s'agit ici : qu'il y ait, j'y consens, une différence sensible entre l'individu qui fraudait jadis les droits d'entrée ou de sortie d'une province à l'autre ; les lois douanières et pénales à cet égard ne prouvaient rien que l'imperfection de notre ancien systême, et les entraves qu'il opposait au commerce. Mais, quand il s'agit de la contrebande étrangère, quand on en examine les effets, qui tendent plus ou moins à détruire notre industrie ou à diminuer la somme de nos capitaux, ne doit-on pas la regarder comme un délit public que les lois doivent atteindre ? Quel intérêt d'ailleurs peuvent inspirer des hommes qui violent impunément les lois de leur pays, pour ajouter à leurs profits illégitimes aux dépens de l'honnête industrie? Que doit-on dans ce cas à des fraudeurs qui n'ont pas même l'excuse de la misère qui les pousse à l'oubli des devoirs? Et de quel front oserait-on soutenir que l'homme qui vole le trésor public est moins coupable que celui qui dérobe l'argent d'un particulier?

Je sais malheureusement qu'on a vu plus d'une fois des hommes déshonorer la plus noble des professions par cet infâme trafic; je sais que l'un altère les simples que la nature a confiés à l'homme pour en enrichir la médecine, que l'autre outrage les lois de son pays, en fraudant ses droits; et cependant il n'est pas rare que tous deux marchent le front levé, riches de leur or et de leurs vices. Il ne l'est pas de voir les passions et les sentimens les plus contraires s'allier et presque se confondre. Le même homme qui, par l'accaparement monopoleur d'une denrée, aura produit une hausse qui empêche le malheureux d'y atteindre, couvre la nudité du pauvre, ou lui accorde les secours d'une insultante pitié. Le même homme

homme qui vient de s'enrichir par l'interlope et quelquefois par la contrebande,
dans son propre pays, détourne ses regards
du malheureux qui, pour vivre, vient
de dérober un écu ; et dans l'isolement
d'une conscience flétrie il ne suppose pas
même qu'il ait avec lui le moindre point
de contact. De tels exemples sont sans doute
moins rares qu'ils ne devraient l'être, mais
ils ne prouvent pas que ceux qui les offrent
soient non-seulement de vrais négocians,
mais même des hommes dignes des moindres
ménagemens ; enfin, ils ne prouvent pas
que la fortune ou le rang que les coupables
occupent dans la société, puissent jamais
être pour eux des titres à l'impunité.

Une fausse philantropie en portant quelques hommes à s'élever contre les lois qui
punissent les contrebandiers, les a conduits
jusqu'à desirer qu'on détruisît toutes les
barrières, qu'on rompît toutes les digues
qui paraissent gêner la liberté la plus absolue. Il est malheureux, sans doute, qu'un
pareil vœu ne puisse être rempli ; mais la
politique, l'intérêt du commerce et les lois
de la réciprocité s'y opposent également.

Ceux qui ont manifesté ce desir ont donné une haute idée de la pureté de leurs principes philantropiques, sans en donner une aussi relevée de leur jugement et de leurs connaissances.

S'il est des barrières qui puissent nuire encore au commerce national, il importe de les anéantir : la sagesse a déja fait beaucoup, et l'expérience achevera de porter son flambeau sur les prohibitions qui entravent encore sa marche. Mais il est des mesures sévères, des interdictions politiques, qui, n'étant destinées qu'à protéger le commerce français, doivent toujours obéir à son intérêt, et ne le contrarier jamais.

Or, la France est de tous les états de l'Europe, celui auquel il convient le moins de se livrer à la contrebande, parce que c'est celui auquel la contrebande étrangère pourrait être le plus funeste. Sa consommation devant être jugée d'après son énorme population, il n'y a point de terme comparatif entre ses bénéfices et ses pertes. La France a d'ailleurs une grande industrie, que la paix va développer et agrandir sans cesse ; et la contrebande n'est jamais plus funeste que lorsqu'elle porte sur des objets qui attaquent l'industrie nationale. Elle détruit l'équilibre du commerce ; elle nuit à la concurrence par les sacrifices que les fraudeurs peuvent faire dans leurs marchés respectifs, soit à l'achat, soit à la vente ; enfin, le numéraire qu'elle aspire et qu'elle dérobe à l'état qui la souffre, est un nouveau sacrifice à ajouter annuellement à toutes les autres pertes qu'elle entraîne.

Il faut cependant le dire. Quelqu'atteinte que la contrebande porte annuellement au commerce français ; quelque sévères que soient les peines prononcées contre les fraudeurs ; de quelques précautions que puisse s'entourer l'administration pour en prévenir les excès, c'est en vain qu'on se flattera d'arrêter leur action, si les soins, les lois et les peines ne sont précédés de ce sentiment qu'on inspire plutôt qu'on ne le commande ; de ce devoir sacré, en faveur duquel l'exemple fait plus que le précepte ; enfin, si toutes les mesures répressives ne sont pas subordonnées à un esprit public.

A cet égard, plus heureux, ou peut-être

plus égoïstes que nous, au défaut d'esprit public, les Anglais ont du moins un esprit national fortement prononcé, qui, sous le rapport du commerce, produit tous les heureux effets de l'esprit public.

Un sentiment presqu'exclusif leur fait préférer tout ce qui est national ; dans tous les objets où l'industrie étrangère est supérieure à la leur, s'ils ne peuvent les imiter, ils en proscrivent l'usage et savent s'en passer. S'ils arrivent sur le continent, ils y portent leur goût national, et c'est dans les magasins pourvus de marchandises anglaises, qu'ils achètent même les objets que la mode ou la délicatesse française doivent façonner. Des lois protectrices consolident et encouragent chez eux cet esprit patriotique. Les profits de la fraude sont d'autant moins recherchés, que les fraudeurs y sont plus généralement méprisés. Indépendamment de la peine qu'elles prononcent, les lois anglaises sont très-adroites à éluder les clauses des traités de commerce qui pourraient nuire au commerce intérieur. Quand les lois de la réciprocité leur commandent de permettre l'entrée des marchandises étrangères , ils savent rendre cette permission illusoire par les très-gros droits de consommation qu'ils imposent sur la marchandise qu'ils ne peuvent frapper d'une interdiction absolue. Si l'état lésé ose se plaindre , le gouvernement oppose les lois anglaises qu'il ne lui est pas permis de contrarier , et sa cauteleuse adresse fonde des profits immenses sur cette nouvelle espèce dé monopole.

Chez nous, au contraire, l'esprit national a fait jusqu'à ce jour si peu de progrès, qu'un charme magique semble en quelque sorte attaché à tous les genres de fabrication que l'Angleterre verse dans notre consommation. Dans des qualités pareilles, la marchandise anglaise est préférée ; elle l'est même encore dans les qualités où l'industrie française est supérieure : les plus beaux draps anglais n'ont jamais pu rivaliser les nôtres, et presque toujours ils sont parvenus à leur opposer une concurrence funeste dans des prix égaux ; trop heureux encore quand la seule dénomination de draps anglais ne suffisait pas pour en hausser le prix.

Cette manie anti-nationale, qu'on prenait sottement pour le bon ton, commence heureusemet à s'affaiblir, graces aux soins du gouvernement ; les fabriques et les soieries françaises vont obtenir enfin chez nous une préférence justement méritée : cette heureuse révolution sera due en partie au voyage que le premier magistrat a fait dans la principale de nos villes manufacturières : il a vu par lui-même les grands résultats que pouvait produire le moindre changement dans les goûts français, et c'est à lui d'achever son ouvrage.

Qu'il inspire , qu'il propage avec soin cet esprit national si utile aux développemens commerciaux ; que tous les hommes qui partagent avec lui les pénibles travaux de l'administration le secondent utilement; qu'ils donnent l'exemple, et l'esprit public qui ne tardera pas à naître de cette généreuse émulation , sera bientôt plus fort que les prohibitions et plus puissant que les lois, pour détruire ou du moins affaiblir les funestes effets de la contrebande.

CHAPITRE XVI.

Des Ports francs et Entrepôts.

LA législation des ports, dans les prohibitions auxquelles on les soumet, et dans les franchises qu'on leur accorde, peut à bon droit être considérée comme un des mobiles les plus puissans de la navigation et du commerce. Elle demande une étude approfondie, une application soutenue, et une finesse d'aperçus dont on ne peut deviner le secret que par l'habitude de juger les besoins du commerce. En administration, c'est dans le rapport des lois avec les moyens d'exécution ; c'est dans celui des règlemens avec les effets qu'ils produisent ; c'est dans leur conciliation que reposent à la fois les difficultés et la science de l'homme d'état : mais, quand il s'agit de prononcer sur l'importante question de la franchise des ports, la théorie devient impuissante, tout système serait mortel, et l'on ne peut marcher qu'à l'aide du flambeau de l'expérience.

Trop peu sûr de mes propres idées, pour les proposer sans garantie, j'ai tâché de m'éclairer des opinions émises en différens tems par les chambres et conseils de commerce; de m'environner des connaissances acquises par une longue pratique : j'ai interroge l'expérience des négocians les plus recommandables : enfin j'ai consulté jusqu'à l'intérêt individuel, dans tous les objets qui ne le portent point à s'isoler peut-être un peu trop de l'intérêt général du commerce et de l'état. L'examen des faits et l'application des résultats m'ont conduit à la solution que je vais hasarder.

Mais, pour développer avec plus d'ordre les principes de cette matière, il importe d'abord de s'entendre et de définir ce que c'est qu'un port franc.

La franchise du port est un droit accordé à une ville, ou à un quartier d'une ville, de recevoir dans son enceinte et de soustraire à l'action des douanes des marchandises étrangères, soumises à des droits d'entrée, ou prohibées, qui y jouissent de la faculté d'entrepôt, pour l'avantage du commerce, dans l'utile objet d'appeler les étrangers, et d'activer la navigation.

Ces marchandises étant de deux sortes, les premières peuvent, du port franc, passer dans la circulation intérieure, en acquittant les droits, ou être réexportées en franchise. Les secondes ne jouissant que de la faculté d'entrepôt, et ne pouvant dans aucun cas en franchir les limites, sont toujours soumises à la réexportation.

Il faut encore distinguer l'entrepôt du port franc. Jusqu'à nos jours l'entrepôt a été directement appliqué à nos propres denrées coloniales, qui peuvent passer d'un port français à l'autre, en continuité d'entrepôt, dans l'objet de les soustraire au droit de consommation en cas de réexportation. Cet entrepôt n'existait point autrefois dans nos ports francs, parce que la faveur du port franc exemptait les habitans demeurant dans l'étendue de son enceinte, du droit de consommation ; et les denrées coloniales n'y payaient que le droit de domaine d'Occident, également acquitté par-tout. Le port franc a été plus spécialement établi pour les objets de manufacture étrangère, lesquels ne jouissant pas de la continuité d'entrepôt, ne peuvent entrer que dans un port déclaré franc, d'où elles doivent être directement réexportées, si elles sont frappées de prohibition, ou entrer dans la circulation en acquittant les droits dont elles sont grévées, si l'introduction én est permise.

Nous avions sous l'ancienne administration trois ports francs ; mais ils n'étaient pas soumis au même régime. Bayonne et Dunkerque, sur l'Océan, jouissaient de la franchise du port dans toute l'acception du mot ; Marseille, au contraire, était soumise à beaucoup de restrictions. La franchise du port ne lui avait été accordée avec limitation, que pour favoriser le commerce de ses manufactures et celui du Levant et de Barbarie. Les restrictions étaient nombreuses ; mais de toutes les marchandises qui pouvaient entrer, aucune n'était soumise à l'action des douanes, pas même les huiles du Levant qui payaient le droit de consulat, ni celles d'Italie qui payaient le droit de la chambre du commerce (1).

____

(1) Ces droits, ainsi que celui de *vingt pour cent*

Je n'examinerai point ici, et au gouvernement seul il appartient de décider si l'on
peut refuser à Dunkerque l'ancienne franchise de son port, si Bayonne doit être
privé du sien, et si enfin l'intérêt du commerce ne commande pas d'en étendre et d'en
généraliser l'établissement. Enfin, je n'examinerai pas non plus la question de savoir
si, par la franchise du port, une ou plusieurs villes de la république peuvent
échapper à l'action des droits indirects, et
jouir d'un privilège exclusif : l'intérêt général du commerce pourrait seul à cet égard
forcer l'administration à s'éloigner de cette
égalité de principes qui doit régir toutes les
sections de la république, et peut - être
même serait-il facile de coordonner le privilège avec les attributions du fisc, sans fa-

---

exigé sur les marchandises venant du Levant par
pavillon étranger, ou prises dans d'autres ports
que ceux des échelles , par quelque pavillon que
ce fût, étaient tous personnels à la chambre du
commerce ; ils étaient perçus par elle sans l'inter-
vention des douanes et appliqués aux dépenses de
nos relations dans le Levant.

voriser ou sans léser les particuliers dans leurs droits respectifs.

J'ai osé, dans le cours de cet ouvrage, indiquer Anvers, Mayence et Marseille, comme les trois places qui, par leur situation, par la nature de leurs rapports, paraissent exiger de la part du gouvernement une attention particulière, et mériter la faveur d'une franchise. Anvers, comme point central du commerce du Midi et du Nord; Mayence, comme point de communication directe avec l'Allemagne, le haut, le bas-Rhin et la Batavie; et Marseille enfin, comme point exclusif et unique de nos rapports avec le Levant et les nations barbaresques.

Il est sans doute inutile d'annoncer que l'établissement de ces ports francs ne doit point détruire l'action de l'entrepôt dont jouissaient jadis nos autres places maritimes, pour les denrées coloniales : avantage auquel on ne tardera pas, sans doute, d'associer tous les ports de la république qui peuvent avoir des rapports avec nos colonies, ou en recevoir les retours.

Analysons à présent l'utilité des ports

francs, et celle des entrepôts ; examinons quel est le mode le plus favorable de les établir ou de les suppléer ; apprécions enfin jusqu'à quel point peuvent être bornées ou étendues les franchises à accorder, pour atteindre au but qu'on se propose. Mais, comme nous avons présenté ailleurs les avantages de Mayence et d'Anvers, prenons pour terme de comparaison, Marseille qui, par sa situation unique, l'emporte sur toutes les autres places de commerce, soit par les grands avantages qu'elle offre, soit par les dangers non moins grands qu'elle peut faire courir. Il est, sans doute, inutile d'annoncer que les principes particuliers appliqués à Marseille, doivent l'être également à tous les autres ports qui seront déclarés francs ; et que je n'ai choisi cette place que parce que, dans l'ordre des intérêts commerciaux, elle exige plus d'habileté et plus de précautions dans l'application de cette faveur, par la nature et l'étendue de son commerce.

SECTION PREMIÈRE.

De la nécessité des Ports francs.

1°. LES ports francs ont des avantages qui font disparaître les légers inconvéniens qu'on leur suppose.

2°. L'impolitique système qui, depuis six ans, en prive Marseille, menace la prospérité du commerce de cette place, et menace bien plus encore tout le midi de la France, du plus redoutable fléau. Essayons de démontrer les deux propositions.

ARTICLE PREMIER.

Avantages du Port franc. Quelles en sont les limites.

Les ports francs et les entrepôts ont, dans tous les tems, été institués pour donner une plus grande activité au commerce; pour enseigner aux étrangers le chemin de nos ports, pour les y attirer par les franchises qu'on leur offrait, et pour assurer à nos marchandises la faveur d'une exportation continue , par le concours des négocians et marins étrangers.

Le port franc de Marseille avait vu le bienfait de son institution affaibli par la limitation qui en avait circonscrit l'exercice. Tous les articles du commerce n'y jouissaient pas également du droit d'entrepôt, et plusieurs marchandises étrangères y étaient frappées d'une interdiction impolitique, dont les villes de Gênes, de Livourne , de Trieste et d'Ancône elle-même profitèrent habilement , en établissant dans leurs ports une franchise absolue.

Il est certain qu'on manqua le but, par la peur même qu'on avait de le dépasser. L'interdiction du droit d'entrepôt contre quelques articles de fabrique étrangère , motivée sur la crainte de nuire aux manufactures nationales ne leur servit de rien , et porta la plus lourde atteinte aux développemens de notre commerce extérieur. Cette erreur est trop importante, pour ne pas en apprécier les causes et les effets.

Si Marseille avait joui de la franchise du port dans toute sa latitude ; si l'on daigne apprécier tous ses avantages naturels et acquis, on avouera que Gênes, Livourne, Trieste, auraient en vain voulu lui opposer une rivalité chimérique. Toutes trois également privées d'un port dont la sûreté met les vaisseaux hors de toute atteinte; toutes trois, excepté Gênes à certains égards, et Trieste depuis peu de tems, privées de l'industrie manufacturière dont nos contrées méridionales enrichissent Marseille, à quel titre auraient-elles aspiré à lutter avec Marseille? Sur quels avantages de position auraient-elles pu fonder l'espoir de leur concurrence? Si Marseille avait joui du droit général d'entrepôt, si les vaisseaux étrangers n'en avaient pas été repoussés par l'interdiction dont étaient frappées quelques-unes des marchandises qui composaient leurs chargemens, c'est à Marseille que les étrangers seraient venus de préférence déposer leurs denrées, et completter des chargemens de retour. Ils n'eussent point été obligés d'aller sur la côte d'Italie et au fond du golfe adriatique, chercher un entrepôt et des marchés étrangers qui ne se sont, en quelque sorte, établis à côté de Marseille,

seille, que pour recueillir les bénéfices que des restrictions impolitiques lui enle-vaient.

Gênes n'a pas beaucoup de manufactures, et cependant elle fait un grand commerce avec la Barbarie. Livourne en est presque absolument privée ; elle joint à ce désavan-tage un port dangereux et inabrité, dans lequel il est rare qu'une année s'écoule sans qu'il y périsse quelques vaisseaux ; cepen-dant, vainqueurs de tous ces obstacles, ses souverains, en lui donnant un port franc illi-mité, y jetèrent les fondemens d'un com-merce immense. La prévoyance de Léopold y appela de par - tout les négocians. Grecs , Arméniens, Juifs, Barbaresques, tous y cou-rurent en foule. Aujourd'hui toutes les na-tions du Levant et du Nord vont s'y approvi-sionner : aucune n'en est repoussée par des prohibitions : toutes y trouvent également les denrées qui leur manquent ; toutes peu-vent même s'y approvisionner des objets des fabriques françaises , et oublient insensible-ment la route de Marseille dont elles sont repoussées par la main de fer du régime prohibitif. Trieste enfin , qui , il y a 40 ans, ne méritait pas l'honneur d'être comptée , malgré les désavantages de sa position et de son port , nous fut même suscitée comme une rivale , par le port franc qui y fut établi sous le règne de Marie-Thérèse. Cette place commença par aspirer une partie du commerce de Venise , et elle a fini par entrer sinon en concurrence avec Marseille , du moins par s'enrichir d'une part de ses pertes. Pour multiplier ses rapports, Livourne a eu même le bon esprit d'établir un change direct avec les différentes échelles du Levant et de la Barbarie , en faveur des négocians arméniens qu'elle a appelés et fixés chez elle ; et Marseille , jusqu'à nos jours , a été privée de cet avantage bien plus important qu'on ne pense : car on me permettra de ne point appeler de ce nom quelques traites qu'on tire de Marseille sur le Levant, ou du Levant sur Marseille.

Jusqu'ici, tout démontre l'activité des soins et de la prévoyance de ces diverses places, pour rivaliser un port dont l'existence leur eût été trop funeste , si le gouvernement français , au lieu de limiter

l'usage de ses forces d'impulsion et de situation, et même de l'entourer d'entraves,
avait eu l'attention d'applanir tous les obstacles qui l'empêchaient d'être le centre
unique du commerce d'Europe avec le
Levant et les trois régences.

Eh! qu'on ne nous dise point, qu'avant
la révolution, le commerce de Marseille
était florissant. Certes, on aurait dû regarder comme un phénomène impossible,
que le commerce n'eût pas fleuri à Marseille, si l'on considère les avantages de
sa situation, la sûreté de son port inacces-
sible à tous les vents, la multiplicité de
ses produits fonciers et industriels, et l'étendue de ses rapports avec nos colonies, avec
le Levant et avec tous les peuples de la
terre. Mais je demanderai si son commerce
était aussi florissant qu'il devait l'être ; s'il
avait toute l'extension qu'il aurait eue sans
les prohibitions dont son port franc était
frappé ; si enfin il aurait pu admettre,
je ne dis pas la concurrence, mais même
l'existence commerciale de trois villes rivales qui, par de grands désavantages, ne
pouvaient fonder l'espoir de leurs béné-

fices, que sur les erreurs ou sur les fautes de son vicieux système.

Si Marseille était véritablement un port franc, dans l'acception la plus étendue du mot, si tous les genres de marchandises pouvaient, sans exception, y jouir de la faveur de l'entrepôt, c'est alors qu'on verrait le commerce s'y développer avec un tel degré d'activité, qu'Amsterdam ni Londres ne pourraient l'emporter sur elle; c'est alors que l'état pourrait fonder l'espoir d'un bénéfice immense sur son immense commerce. Les étrangers qui ne peuvent ou n'osent s'approcher de ses côtes, y reviendraient en foule, et oublieraient bien vîte le chemin des ports qui sont devenus ses rivaux. Centre universel de tous les débouchés, ce n'est que là qu'ils viendraient ; ils y porteraient tout, parce qu'ils y trouveraient tout, et. que le premier besoin du commerce, après le crédit, c'est la concurrence dans les marchés. La faveur du port franc leur donnerait la certitude de s'y pourvoir, sans surcharge de frais ou de droits , de tous les objets qu'ils peuvent obtenir ailleurs en franchise. En emportant les articles étran-

gers qui leur sont nécessaires, ils se pour-
voieraient aussi des marchandises françaises
qu'ils n'emportent plus aujourd'hui , parce
qu'ils trouvent à s'en dédommager dans les
ports étrangers où ils sont reçus en franchise, ce qu'ils ne peuvent pas espérer dans
celui de Marseille. La faveur de l'entrepôt
permettrait même à cette place un commerce d'échange dans les articles dont une
prohibition éclairée aurait interdit l'entrée
dans la consommation. Enfin , c'est de nos
propres denrées ou tout au moins dans nos
ports , que les vaisseaux qui y aborde-
raient composeraient leurs retraits.

Je suis loin d'avoir analysé tous les avantages qu'un port franc illimité présenterait
au commerce de l'état ; mais je viens de
toucher à une corde qui peut faire vibrer
la fibre délicate de l'intérêt privé ; et je me
garderai bien de passer sous silence l'objection que sans doute on ne manquera pas
de faire.

« La limitation du port franc de Marseille , dira-t-on , et le refus d'entrepôt des
ouvrages manufacturés dans les états rivaux, ont eu pour but d'empêcher que les

étrangers ne parvinssent à obtenir le débouché de leurs marchandises, au préjudice des manufactures nationales; et par un système aussi nouveau que dangereux, vous voulez ressusciter une concurrence que le règlement s'efforce d'anéantir; vous assurez la vente à ces mêmes marchandises, au risque de tout ce qu'il peut en arriver pour les nôtres; vous établissez entre les uns et les autres une sorte d'égalité qui assure aux étrangers la préférence jusques dans nos ports, s'ils peuvent établir des prix plus bas, ou nous opposer une supériorité d'industrie sur la fabrication. Donc, votre système est ruineux pour nos manufactures, puisqu'il frappe sur notre industrie, et non moins ruineux pour le commerce qui perdra d'autant plus dans la balance, que l'industrie intérieure lui aura moins fourni. »

On ne m'accusera, certes, pas d'avoir dissimulé ou affaibli l'objection : il me reste à l'analyser, à y répondre, et même à la détruire en essayant de démontrer qu'elle est plus spécieuse que solide, et que les faits et l'expérience plus puissans que tous

les sophismes , suffisent seuls pour l'a-
néantir.

D'abord, je dois dire que le systême des
prohibitions n'est point attaqué dans la
mesure que je propose : je le crois même
d'autant plus nécessaire, surtout en ce moment , que la balance du commerce est
toute à notre désavantage, qu'un droit d'entrée , quelqu'élevé qu'il fût, (1) substitué
à une prohibition encore nécessaire dans
quelques articles de manufacture étrangère, tendrait continuellement à accroître
les désavantages de notre balance, et que
nos ports et nos villes ne tarderaient pas
longtems d'être encombrés d'une énorme
quantité de ces mêmes articles, qu'il importe plus que jamais d'écarter de la consommation.

Peut-être un jour viendra, et ce jour
n'est pas loin, où nos manufactures, ayant
regagné tout ce que les orages de la révo-

---

(1) Un droit élevé pourrait, sans doute, affaiblir
l'effet de cette concurrence ; mais l'on peut être sûr
que plus il serait fort, plus la fraude le rendrait illusoire.

lution leur ont fait perdre, ayant même acquis tout ce qu'une administration mieux entendue et plus conservatrice pourra leur procurer de supériorité, en donnant des encouragemens à l'émulation, et des récompenses à la perfection, elles lutteront de pair pour les prix et la qualité, avec les fabriques étrangères. Alors on pourra, sans danger, comme sans crainte, adopter un autre système, et substituer au mode, souvent dangereux et toujours repoussant des prohibitions, le mode plus politique et peut-être plus social d'un droit d'entrée, qui puisse favoriser le débit des manufactures nationales, sans frapper d'interdiction les fabriques étrangères, dont la concurrence alors cesserait d'être préjudiciable pour les nôtres.

Mais, jusques-là, si l'on considère que, par une multitude de causes, et surtout par la privation des articles de nos colonies, la balance de notre commerce en l'an 8 a été à notre désavantage de la somme de 53 millions de francs, que celle de l'an 9 nous a été plus désavantageuse encore; si l'on apprécie ce que la permis-

· sion d'entrée des objets de manufacture étrangère lui ferait perdre' encore pendant un, deux, et peut - être trois ans, quelqu'élevé que fût d'ailleurs le droit auquel elles seraient soumises, on jugera sans peine que ce système, du moins en ce moment, est inadmissible, que l'intérêt de notre balance le repousse absolument, et que les encouragemens à accorder à nos manufactures seraient achetés à trop haut prix. Le but qu'on se propose serait peut-être d'autant moins atteint, que l'énorme quantité de marchandises anglaises dont la plupart des marchés de l'Europe sont inondés, et leur bas prix, porterait aux nôtres un coup plus funeste, que ne serait grand le bénéfice qu'on suppose dans le changement de régime, en appliquant même à nos fabriques le montant du droit dont celles de l'étranger seraient frappées. Conservons donc les prohibitions: elles sont en ce moment encore une sauvegarde rigoureusement nécessaire, et les circonstances nous défendent de nous en écarter.

Le système dont je propose l'adoption,

est bien éloigné de les contrarier. Les marchandises étrangères admises dans l'entrepôt , sont , comme nous l'avons vu, de
deux espèces. Celles qui sont soumises à
un droit d'entrée l'acquitteraient comme
par le passé, avant d'être versées dans la
circulation ; quant à celles qui seraient
frappées d'une interdiction absolue, la faveur de l'entrepôt ne la ferait pas cesser,
puisqu'aucune d'elles n'y serait admise que
pour ressortir. Mais, dit-on, leur admission
dans l'entrepôt de Marseille nuirait à nos
fabriques. Voici ma réponse.

Si les vaisseaux étrangers qui importent
dans le Levant, dans la Barbarie, ou ailleurs, des articles de leur industrie, n'ont
pas d'autre point de relâche que Marseille ;
si, pour arriver à leur destination, ils ne
peuvent faire escale ailleurs que dans son
port; si Marseille , enfin , est le seul entrepôt qui puisse en procurer le débouché ,
fermez - leur - en rigoureusement l'entrée ;
qu'ils n'y jouissent d'aucun droit de franchise ; que l'entrepôt leur soit interdit : car
vous ne pouvez les recevoir sans nuire à
vos propres manufactures. S'il le faut ,

multipliez pour eux les difficultés d'un commerce pénible. Les entraves qui les contrarieront tourneront au profit de votre industrie; l'incertitude de leurs opérations, les lenteurs et les dégoûts qu'ils éprouveront doubleront vos avantages; et bientôt vous vous délivrerez vous-mêmes d'une concurrence dangereuse.

Mais, si vos prohibitions, si le système repoussant qui écarte les étrangers de vos côtes inhospitalières, si toutes vos précautions, enfin, ne les empêchent pas de trouver dans vos propres parages et à deux pas de vous des ports voisins qui les reçoivent, des amis qui les accueillent, et chez lesquels ils jouissent de tous les avantages que vous leur aurez refusés, comment aurez-vous empêché le débit de leurs marchandises? qu'aurez-vous gagné à votre interdiction, ou plutôt que n'aurez-vous pas perdu?

Allons plus loin. Si leurs marchandises sont d'une autre nature que les vôtres, elles ne coûteront rien à votre industrie, jusqu'à ce que vous appropriant leur procédé, vous parveniez à les rivaliser. Si elles sont les mêmes , elles seront ou inférieures , ou supérieures , ou pareilles aux vôtres. Si elles sont inférieures, vous n'en redouterez rien, tant que vous conserverez vos avantages industriels : si elles sont supérieures , vous lutterez en vain contre elles, jusqu'à ce que votre persévérance vous mette à même de les rivaliser un jour ; si enfin elles sont pareilles aux vôtres , dans les prix et dans les qualités , alors la concurrence est réelle , le dommage est positif ; mais c'est un malheur irréparable , et vous voudriez en vain l'empêcher. La fermeture de vos ports ne les privera de rien ; elle leur ouvrira avec plus d'avantages ceux de Gênes , de Livourne , de Trieste même ; c'est là qu'ils trouveront ce que vous leur aurez refusé, et vous vous serez privé en pure perte des utiles moyens d'échange qu'ils auraient pu se procurer avec vous ou chez vous.

Or, s'il est vrai que la mesure de rigueur dont vous aurez usé envers eux , ne soit point un avantage réel pour vos manufactures, si elle n'empêche pas le débit de leurs propres marchandises , et tel est précisément l'état de la question, l'interdiction n'aura servi qu'à porter un préjudice réel à votre commerce. Citons un exemple.

Les draps français, anglais et allemands, sont un article essentiel de consommation dans les Echelles du Levant. Le gouvernement, pour favoriser nos manufactures du Languedoc, n'avait point accordé aux draps anglais le droit d'entrepôt dans le port de Marseille. Quel effet produisit cette interdiction? elle n'empêcha point le commerce des draps anglais dans le Levant, elle écarta seulement les vaisseaux britanniques du port de Marseille, et leur apprit le chemin des ports francs d'Italie, où ils trouvèrent non-seulement un débit assuré pour leurs draps, mais même tous les articles qui leur étaient nécessaires pour leurs chargemens de retour.

Examinons à présent ce que cette interdiction vicieuse a coûté dans tous les tems au commerce de Marseille, sans profit pour nos manufactures. Si un port franc sans limitation, ou si un entrepôt général y avait existé, Marseille aurait vu accroître ses mouvemens commerciaux par la fré-

quentation d'un plus grand nombre de vaisseaux ; les négocians étrangers, assurés d'y
trouver en tout tems les objets manufacturés de tous les pays , auraient d'autant
moins été les chercher à Gênes ou à Livourne, qu'ils auraient pu faire leurs chargemens à Marseille , avec bien plus de
facilité , par la ressource de nos propres
fabrications, qui seraient toujours entrées
pour quelque chose dans leurs assortimens.
Nos sucres, nos cafés des îles n'auraient
point été exportés en si grande quantité ,
par nos vaisseaux, dans les ports d'Italie ;
ces ports ne seraient point devenus le débouché universel de nos denrées coloniales,
et même de nos objets manufacturés ; Marseille n'eût pas cessé d'en être le principal
entrepôt ; elle n'eût pas perdu tout ce que
ces villes rivales ont gagné à ses dépens ;
c'est dans son port que les étrangers seraient venus se pourvoir de ses marchandises, comme des articles étrangers reçus
dans son entrepôt ; ils nous auraient porté
en échange leurs propres denrées, et ces
denrées elles – mêmes auraient fourni à
d'autres mouvemens ou de consommation ,

ou de manufactures, ou de réexportation.
Le moindre de ces mouvemens n'aurait pu
se faire sans profit pour le commerce national ; négocians , armateurs , commis-
sionnaires , courtiers , emballeurs, porte-
faix, toutes les classes depuis la première
jusqu'à la dernière, y auraient trouvé leur
compte, et les manufactures nationales n'y
auraient rien perdu.

Que dis-je ? le fabricant lui-même aurait
pu y gagner. S'il existe des ouvrages étrangers qui soient préférés aux nôtres , nous
ne parviendrons à en réduire la consommation qu'en parvenant à les imiter. Les
entrepôts sont ordinairement pourvus des
denrées de tous les pays du monde, et des
productions manufacturières de tous les
états. L'entrepôt étant ouvert à tous les
individus, c'est là que le négociant-com-
misionnaire peut s'instruire, et éclairer son
correspondant sur la nature des qualités
et des envois qu'il doit faire ; c'est là que
le manufacturier lui-même, que l'artiste
peut venir juger et comparer à loisir les
divers ouvrages qui le frappent ou l'inté-
ressent, soit dans les étoffes, soit dans les

autres marchandises. Il examine, d'un œil aussi attentif qu'exercé, le tissu, la trame, la solidité, le dessin, l'apprêt, la beauté et l'ouvrage; il en saisit bien mieux le mérite ou les défauts; il étudie les motifs de préférence; il apprécie les rapports, les besoins ou les goûts qui la décident. S'il a des dispositions à l'imitation, l'artiste ingénieux sera bien plus vivement frappé; il en devinera bien plus en une fois, par l'examen de l'ouvrage, que ne pourraient lui en apprendre tous les éclaircissemens qu'il obtiendrait, privé de l'avantage de la comparaison. Si une marchandise quelconque déposée à l'entrepôt, obtient une préférence exclusive dans un pays, pour la consommation ou le débit, avec un peu de soin, le fabricant industrieux en dérobe le secret, et fait participer l'état aux profits de la découverte. C'est ainsi que l'Angleterre s'appropria les manufactures de la Belgique; c'est ainsi que nous nous sommes enrichis de celle du corail sur la Toscane; c'est ainsi que nous sommes parvenus à imiter les Londrins, aujourd'hui article essentiel d'exportation pour nous. Cette émulation

lation n'a rien que de louable, et le commerce qui imite avec fruit , est bientôt voisin d'inventer.

J'ose croire que ces avantages sont de nature à détruire l'objection du préjudice supposé, que l'établissement de l'entrepôt peut causer à nos manufactures, puisqu'il est vrai que la concurrence des étrangers ne perdra rien de son activité dans le Levant, soit qu'on accorde à Marseille un entrepôt, soit qu'on le lui refuse.

Il est un dernier point, le seul peut-être qui mérite d'être pesé dans la balance ; c'est le cas où les négocians français eux-mêmes chargeraient dans l'entrepôt de Marseille des articles de manufacture étrangère, pour les exporter de préférence aux nôtres. Ce motif de préférence ne pourrait généralement exister de leur part, qu'autant que l'expérience leur aurait appris qu'ils auraient des profits plus grands à espérer dans l'exportation des ouvrages étrangers. Alors on voudrait en vain se dissimuler l'état précaire de nos manufactures, et il faudrait en rechercher le vice ailleurs que dans le droit d'entrepôt.

Cependant , pour prévenir l'erreur ou l'abus qui dans telle circonstance peut porter un individu à s'isoler de l'intérêt général, l'administration péserait dans sa sagesse lequel serait le plus utile à l'état ou de tolérer l'exportation des marchandises chargées à l'entrepôt par des vaisseaux français , qui gagneraient le bénéfice de la navigation et du frêt, ou de défendre , pour prévenir l'abus , que nul vaisseau national pût être chargé, dans l'entrepôt, de marchandises étrangères , sauf les cas où elles entreraient en petite quantité, et comme assortimens dans la cargaison.

Cette dernière mesure, adoptée suivant la convenance qu'on pourrait y trouver , préviendrait le seul préjudice possible que nos manufactures pourraient éprouver, de la faculté d'entrepôt accordée à toutes les marchandises étrangères. De tous les articles possibles dont les vaisseaux étrangers composent leurs cargaisons , j'ose croire qu'il n'en est que deux dont l'admission devrait, dans tous les cas, être rigoureusement interdite. Ces articles sont les pêches et les salaisons étrangères; l'entrée de ces objets de consommation dans l'entrepôt, ne pourrait jamais tourner qu'au préjudice de notre commerce, sans dédommagement quelconque, à l'exception des viandes salées d'Irlande, encore nécessaires à nos cargaisons, jusqu'au moment où ce genre de salaison aura été perfectionné chez nous, ou du moins jusqu'à celui où nous aurons appris à les tirer des côtes septentrionales de la mer Noire, où nous pouvons les obtenir avec une plus grande économie.

Quant aux poissons salés, leur admission nuirait à nos propres pêches, qui sont assez abondantes pour fournir aux besoins des étrangers, que l'espoir de s'en procurer appellerait dans nos ports. L'entrée des salaisons, autres que celles exceptées ci-dessus, établirait une concurrence fâcheuse pour les nôtres, et pour les débouchés et l'emploi de nos sels : à cet égard, nous sommes encore assez riches de notre propre fonds, pour satisfaire aux besoins ou à la consommation des étrangers, que ce genre de commerce appellerait à Marseille.

Hors de là tout doit être libre ; l'entrepôt qui ne peut nous nuire devient une source inépuisable de profits pour notre commerce ; il ne coûté rien à nos manufactures, puisqu'il ne leur enlève rien, puisque le genre de commerce que les étrangers ne peuvent pas faire à Marseille, ils le font à son grand détriment sur la côte d'Italie. L'établissement d'un port franc ou d'un entrepôt dans Marseille , devient donc un besoin d'urgence, si l'on veut réellement ranimer le commerce ; et cet entrepôt doit être général, si l'on veut rendre son commerce aussi étendu qu'il peut l'être.

A R T I C L E I I.

Dangers imminens de la privation d'un port franc dans Marseille , relativement au régime sanitaire du Midi.

Jusqu'à ce moment je n'ai considéré la privation de l'entrepôt que par le dommage qu'il cause au commerce ; je n'ai considéré son établissement que sous le rapport des avantages qu'il lui assure. Mais il faut à présent l'envisager sous un point de vue bien autrement essentiel. Je le dis avec assurance : à la franchise du port de

Marseille sont attachés la santé des habitans, le salut et le sort de l'empire.

En général, les peuples qui professent
le culte de Mahomet, habitent les plus
belles et les plus fertiles contrées des trois
premières parts de la terre ; mais en vain
la nature a tout fait pour eux, leur superbe
ignorance, leur funeste incurie, entretenues
par le dogme de la fatalité, ont naturalisé
dans leurs contrées ce fléau destructeur,
le plus redoutable ennemi de l'espèce humaine, ce fléau dont les états civilisés de
l'Europe ne peuvent se garantir que par
une multitude de précautions, qui l'é-
cartent, l'enchaînent ou le neutralisent.

Si l'on réfléchit que nos communications
avec le Levant, toujours très - étendues ,
vont reprendre avec la paix leur activité
première ; si l'on observe que , malgré l'espace des mers qui nous sépare , nos rapports commerciaux nous mettent dans un
point de contact continuel avec les côtes,
les productions et les habitans de l'empire
turc , on sera forcé de reconnaître avec
terreur que la peste que l'incurie des Turcs
a en quelque sorte rendue indigène à leur

sol, nous menace à chaque instant de ses ravages.

Quelque soin qu'on prenne dans le lazaret de Marseille, quelle que soit la surveillance qu'on y exerce, pour dégager les productions du Levant, et surtout les laines et les cotons, des miasmes pestilentiels qu'ils peuvent renfermer, et qu'ils conservent pendant si longtems; enfin, quelque sévère que soit la double quarantaine qu'on fait faire aux vaisseaux qui arrivent du Levant, toutes les précautions que ce triple objet embrasse, ne suffisent point encore pour rassurer, si l'on ne donne un port franc ou un entrepôt à Marseille. De toutes les villes de la Méditerranée qui ont un commerce direct et étendu avec le Levant, il n'en est aucune qui n'ait un lazaret et un port franc. L'avantage du commerce n'en a pas seul motivé l'établissement dans les ports de Gênes, de Livourne et de Trieste; la crainte de la peste y a peut-être contribué plus puissamment encore. Toutes ces places ont eu le bon esprit de prévenir les dangers auxquels la privation du port franc pouvait les exposer; toutes ont senti qu'il était le premier de tous les préservatifs , et que son existence était matériellement liée au régime sanitaire, dont une funeste insouciance a depuis dix ans privé Marseille.

Pour démontrer l'urgence des dangers qui menacent cette importante place , il est essentiel de déterminer ses rapports et sa situation en ce moment.

Lorsque Marseille jouissait de son port franc , toutes les marchandises qui pouvaient y être admises entraient en franchise. Nos denrées coloniales n'y payaient point de droit de consommation , et n'étaient soumises qu'au droit du domaine d'Occident; les huiles d'Italie ne payaient que le droit de la chambre du commerce. Les marchandises du Levant n'étaient soumises qu'au droit de quarantaine , qui ne s'élevait guères qu'à $\frac{1}{2}$ pour $\frac{0}{0}$, et à celui du consulat, qui ne se montait jamais à plus de 2 p $\frac{0}{0}$, et souvent était moindre par l'administration paternelle d'une régie étrangère aux douanes. Ces deux derniers droits avaient été établis en faveur de la chambre du commerce, pour payer les dépenses des agens français dans le Levant, et les avanies auxquelles notre commerce y était quelquefois soumis.

Depuis que le port franc a été anéanti, Marseille a été assujettie, non-seulement à l'action des douanes qui, pour l'ordinaire, s'exerce avec rigueur, mais même à tous les droits que les articles du Levant y payaient durant la franchise. De sorte qu'on a semblé vouloir punir cette ville de ses anciennes faveurs, en la soumettant à payer une cumulation de droits qui n'a lieu dans aucun autre port de la république. Il semble qu'en l'assimilant à toutes les autres places, on n'aurait pas dû rendre sa situation pire. Elle eût dû voir s'évanouir le droit de la chambre du commerce sur les huiles, et celui du consulat sur les marchandises du Levant, puisque ce double droit n'avait plus de destination, depuis que le gouvernement lui-même était chargé du paiement des dépenses de tous nos agens dans les états étrangers.

La disposition qui, de nos jours, assujettit Marseille à cette multiplicité de droits, est même tellement vicieuse, que le montant des sommes produites par le droit du consulat, est encore aujourd'hui sans emploi. Il reste enterré dans les coffres du percepteur ; et le gouvernement n'a pu donner une destination aux deniers en provenant , et qui grèvent notre commerce en pure perte.

Nous voyons donc Marseille assujettie à des droits doublement onéreux. Je ne parlerai plus ici des atteintes qu'ils portent à notre commerce du Levant, des pertes qu'ils lui causent, de l'avantage qu'ils donnent aux états qui font ce commerce en concours avec nous ; ces considérations, tout importantes qu'elles sont, disparaissent devant un intérêt bien plus majeur, devant un danger bien plus pressant. Dans la situation de Marseille, l'exercice des douanes devient trop funeste ; et l'on ne peut qu'être effrayé des terribles effets que peut produire le desir de s'y soustraire. Plus les droits sont exorbitans, et plus ils invitent à la fraude. Les bénéfices s'accroissent en raison même des droits auxquels on échappe. L'homme peu délicat, l'homme avide qui compare les profits et les risques,

se laisse aisément séduire à l'attrait supérieur que les premiers lui présentent.
S'il n'est pas retenu par la crainte du vol
qu'il commet envers l'Etat, dont il fraude
les droits, son babare égoïsme le serait-il
par le danger d'inoculer le plus terrible
des fléaux, au milieu de ses concitoyens?
Sourd au cri de l'humanité, maîtrisé par
l'espoir d'un lucre odieux, il hasardera
tout, il sacrifiera tout et bravera jusqu'au
danger auquel il s'expose lui-même.

Si une crainte salutaire retient le négociant français, l'étranger n'aura pas les
mêmes motifs. Alléché par l'espoir des bénéfices, il se livrera avec sécurité à cette
fraude dangereuse ; il inondera nos côtes
de la ci - devant Provence des marchandises qu'il n'aura soustraites aux droits,
qu'en exposant tout le Midi à la contagion
la plus funeste.

Ce double danger dérive de la nature
des marchandises du Levant qui exigent
des précautions d'autaut plus minutieuses,
qu'elles peuvent conserver pendant trois
mois, pendaut six mois, pendant un an,
les germes pestilentiels qu'elles importent

avec elles. Il dérive de la situation même des côtes qui environnent Marseille, et qui sont coupées d'une foule de petites anses, baies et rades, qui donnent la plus funeste facilité à la contrebande; il dérive enfin de l'impossibilité où seront tous les agens des douanes de garder en tout tems, et avec une vigilance toujours nouvelle, une multitude de points par où les marchandises peuvent s'introduire en fraude des droits. A cet égard, le port de Marseille lui-même n'offrirait plus un asile assez sûr contre les spéculations de la fraude et de l'avidité.

Ce danger paraîtra d'autant plus grand, que l'expérience du passé doit être un flambeau salutaire. Les marchandises du Levant, importées par des pavillons étrangers, étaient, comme nous l'avons vu plus haut, assujetties à un droit de 20 pour 100. Les étrangers, retenus par ce haut droit, les débarquent à Livourne : eh bien, l'on a vu quelquefois des fraudeurs parvenir de là à les introduire dans Marseille, et à les rendre dans les magasins de tel négociant avide, au moyen d'une prime convenue (1). Et quel attrait nouveau n'offre pas aujourd'hui à la cupidité la multiplicité des droits auxquels le port de Marseille est soumis?

Faut-il aller encore plus loin? Depuis le retour de l'armée d'Egypte, les agens de la douane n'ont-ils pas osé porter un pied téméraire dans le lazaret de Marseille? n'ont-ils pas osé violer cette enceinte sacrée, cet asile d'immunité, seule garantie qui nous reste contre la peste, pour vérifier si les braves de l'armée d'Orient n'importaient point des marchandises soumises à l'action des douanes (2)? N'y sont-ils pas entrés malgré les réclamations et la résistance trop légitime des administrateurs et des officiers du bureau de santé? N'en

---

(1) Cette fraude n'était du moins dangereuse que pour le fisc, parce que les marchandises ainsi introduites à leur arrivée à Livourne avaient été assujetties à une sévère quarantaine.

(2) Ce fait est consigné dans un excellent mémoire sur le commerce de Marseille avec le Levant, par M. *Isnard*, chef de bureau au ministère de l'intérieur.

sont-ils pas sortis sans prendre aucune des mesures conservatrices, propres à rassurer sur les dangers de la contagion?

Je le dis avec conviction, je le dis avec terreur, mais les ménagemens deviendraient trop coupables. Le danger est pressant, il est terrible; il est de tous les jours, de tous les instans; un seul moment encore, et peut-être il sera trop tard pour le prévenir. Si, jusqu'à ce jour, nous avons échappé à ce fléau, c'est à l'interruption de nos rapports avec le Levant qu'il faut l'attribuer; c'est à la guerre qui s'est allumée avec la Porte qu'il faut en rendre graces. Les précautions que les Français ont prises, pendant leur séjour en Egypte, si elles n'ont pas absolument neutralisé ce fléau, sont du moins parvenues à l'affaiblir. Mais, désormais rendue à ses maîtres, nos anciennes communications avec elle et avec les autres états ottomans, vont reprendre leur cours accoutumé; l'incurie de ces peuples est connue; ils ne savent ni combattre ni prévenir la peste, et l'anéantissement du port franc de Marseille multiplie avec eux les dangers de nos relations.

Jusqu'à ce jour, cet objet a été traité avec une indifférence trop cruelle ; en appelant sur lui la sollicitude du gouvernement, je lui paie ma dette de citoyen.

Concluons donc, que si un entrepôt ou un port franc est nécessaire à Marseille pour les développemens du commerce, il lui devient bien plus impérieusement indispensable pour la sûreté du régime sanitaire. Le gouvernement, éclairé sur le double danger qui nous menace, sentira le premier de quelle urgence il est d'anéantir un système fiscal, dont les effets pourraient être si terribles.

SECTION II.

Du mode le plus convenable dans l'établissement du port franc ou de l'entrepôt à Marseille.

JE crois avoir démontré la nécessité d'un port franc ou d'un entrepôt à Marseille ; il reste à présent à prononcer sur le mode d'établissement le plus favorable au négociant, au commerce et à l'état.

Différens moyens se présentent pour déterminer la franchise du port de Marseille :

1°. Marseille sera-t-elle un'port franc, et sa franchise sera-t-elle illimitée ?

2°. Y aura-t-il un port franc dans l'enceinte de Marseille, sans que la ville elle-même jouisse du bénéfice du port franc ?

3°. Au défaut du port franc donnera-t-on aux négocians la faculté de recevoir en entrepôt, dans leurs magasins, les marchandises soumises à des droits, en fournissant caution pour le montant de ces droits ?

4°. Enfin, au défaut du port franc, y aura-t-il un entrepôt général ?

Telles sont les questions qu'il s'agit de résoudre, en se décidant pour l'adoption de celle de ces mesures qui peut offrir le plus d'avantages et le moins d'inconvéniens.

Je préviens, que dans l'examen auquel je vais me livrer, faisant taire tout sentiment de préférence, toute affection personnelle, je me dépouillerai de toute prévention , l'intérêt individuel disparaîtra , et l'avantage de Marseille ne sera consulté qu'autant qu'il sera en rapport avec celui de l'état et du commerce général.

O vous, à qui m'attachent tant de devoirs et de sentimens ; vous , à qui je tiens par l'affiliation et par la reconnaissance que je dois à notre commune patrie , pardonnez si un devoir rigoureux m'ordonne peut-être de contrarier les idées et l'intérêt de quelques - uns d'entre vous ! En vous plaignant de ma sévérité , vous estimerez mes motifs. Je puis m'abuser, mais non vouloir tromper ; si je m'égare , c'est avec toute l'ingénuité d'un citoyen ami du bien. En prenant la plume, je me suis promis de ne pas tracer un seul mot qui n'eût l'avantage de mon pays pour objet, et fût-ce même aux dépens de mes affections les plus douces, je tiendrai ma promesse.

ARTICLE

A R T I C L E   P R E M I E R.

Marseille sera-t-elle un port franc, et sa franchise sera-t-elle illimitée ?

Si l'on se décide à rendre son port franc à Marseille, je crois avoir démontré que les anciennes limitations qui le circonscrivaient étaient plus pernicieuses qu'utiles, qu'elles ne sauvaient d'aucun des dangers qu'elles avaient aspiré à prévenir, et que l'on ne pouvait donner la plus grande extention à ses rapports maritimes , qu'en lui accordant une franchise absolue, qui fera décheoir le commerce dans les ports francs d'Italie , de tout ce que Marseille pourra leur ravir.

Il n'est plus tems, enfin , d'ètre arrêté par ces futiles considérations , qui présentent la franchise des ports comme un privilège. Ce privilège existe, il est vrai, mais c'est l'état entier qui en profite. On ne l'applique à tel lieu, à tel port, plutôt qu'à tout autre, que par l'avantage de sa situation. L'intérêt des individus qui l'habitent n'est plus compté pour rien ; on ne

3.   12

voit pas ce qu'ils gagnent personnellement, mais ce qu'ils font gagner à la généralité du commerce. « Les Marseillais doivent » être d'autant plus certains des bonnes » dispositions du gouvernement à leur » égard, que les facilités qui leur devien- » dront nécessaires, ont pour objet un » commerce véritablement national, puis- » qu'en procurant de grands bénéfices à la » ville de Marseille, qui en sera le siège, » il profitera encore à la France entière. »

Ce langage n'est pas suspect, c'est celui d'un administrateur des douanes, qui re- connaît que le commerce de Marseille avec le Levant est un commerce national, qu'il est tout en pur bénéfice, et que la fran- chise du port de Marseille est une mesure que l'intérêt général réclame. (1)

---

(1) *Commerce des Français*, par le cit. Maguien. Doué d'un excellent esprit, cet administrateur, s'il envisage les douanes comme un moyen fiscal, du moins ne laisse pas ignorer qu'elles peuvent être un agent actif pour le commerce. Ses opinions, souvent différentes de celles que ses pareils avaient émises, décèlent par-tout un homme d'état qui cherche à rattacher l'harmonie entre le commerce

Quelques personnes, pour parvenir à déprécier ce commerce, prétendent qu'il se fait en partie avec de l'argent : elles disent vrai; elles pourraient même ajouter que sur un million d'affaires que tels négocians marseillais font avec Tunis, il est rare qu'il entre plus d'un dixième en marchandises, les autres neuf dixièmes sont payés en talaris ou en lettres-de-change sur Livourne, c'est-à-dire, en argent. Mais cela n'empêche point que ce commerce ne soit réellement national et très-avantageux, puisque nous ne retirons de Tunis, comme des autres côtes de Barbarie et du Levant, que les bleds nécessaires à notre consommation, ou que nous réexportons avec avantage, ou bien des marchandises premières, dont l'apprêt ou la manipulation doublent et triplent le prix à la réexportation. Donc ce·commerce est avantageux, donc la franchise qui l'assure est nécessaire.

En adoptant le mode d'un port franc il-

---

et les douanes dont très-souvent les intérêts se contrarient.

limité , il est encore une autre mesure qui peut en accroître les bénéfices. Il serait à desirer que Marseille pût , comme Livourne, réunir dans son enceinte les négocians de tous les pays ; qu'on les engageât à venir s'y domicilier par la certitude des avantages qu'ils pourraient y trouver. Le commerce ne s'étend jamais plus que dans les lieux où rien n'arrête ni ne comprime son essor. Dès-lors, pourquoi Marseille, si heureusement située, ne deviendrait-elle pas le rendez-vous de toutes les nations? pourquoi ne deviendrait-elle pas le domicile de choix de tous les étrangers qui auraient ou des capitaux , ou une industrie à mettre en valeur? Ne serait-il pas digne de la sollicitude du gouvernement d'y appeler les habitans de tous les pays , sans distinction de secte ou de préjugés ? Tous les cultes sont aujourd'hui libres en France. La religion est bien plus sûrement que l'éducation , la seconde nature de l'homme ; nous avons vu , par expérience, qu'il ne renonce pas aisément aux principes dont on nourrit son enfance ; préjugé, habitude ou conviction , quel que soit son mobile, il y tient avec force ; et le sentiment qui l'y attache est toujours le premier garant de sa moralité. Que d'hommes jusqu'à nos jours n'ont été repoussés du sol français que par la main de fer de l'intolérance !

Désormais ne serait-il pas aussi avantageux que moral, d'appeler tous les étrangers à se fixer à Marseille, par les liens du commerce qui unissent les hommes, non moins que ceux de la religion ? Je ne sais si je m'abuse, mais je voudrais que le protestant y eût son temple, comme le catholique son église ; que le grec et l'arménien y eussent leur culte, et le juif sa synagogue. Je voudrais que tous y trouvassent, non-seulement asîle et protection, mais même domicile, sûreté dans leur culte, et même, avec le tems, droit de cité. C'est par de pareils moyens que Livourne a créé un grand commerce : c'est en adoptant cette tolérance politique, qu'Amsterdam en est devenue la capitale du monde commerçant. Ou je me trompe fort, ou Marseille deviendrait, dans un court période, la première des villes commerçantes d'Europe.

Si l'on me dit que quelques négocians de Marseille verraient diminuer leur commerce par l'association des étrangers qui viendraient leur en ravir une partie, je réponds que leur avantage personnel disparaît dans la balance; que si l'intérêt individuel veut seul se faire écouter, nous ne pouvons plus nous entendre. Je demanderai à mon tour si les capitaux et l'industrie que les étrangers apporteraient à Marseille, si les bénéfices de leur commerce n'accroîtraient pas d'une manière très-sensible les profits du commerce général et de l'état? or, si ce résultat est positif, l'intérêt isolé de l'individu doit disparaître.

J'ose même aller plus loin : si quelques habitans voyaient diminuer leur commerce privé, bien que le commerce général s'accrût, ils gagneraient d'un côté ce qu'ils auraient perdu de l'autre. Dans un court espace de tems, leurs capitaux doubleraient, tripleraient de valeur par le nouveau prix auquel le concours des étrangers et de plus grands moyens pécuniaires les porterait; et quand même il serait possible que ce résultat n'eût pas lieu, je ne verrais cependant pas encore la nécessité de sacrifier l'intérêt général à celui de l'individu.

Enfin, si la franchise du port alarme encore une classe d'hommes qui ne veulent rien mesurer qu'avec le compas d'une égalité absolue, on peut les rassurer : s'ils ne veulent pas que Marseille jouisse même d'une ombre de faveur à laquelle ne pourraient pas participer les autres communes de la république, je consentirai à me prêter à leurs scrupules. On peut, en établissant la franchise du port, soumettre les habitans à se racheter envers l'état du droit de consommation, par un abonnement modéré que cette ville intéressante acquitera sans regret, plutôt que de se voir privée du bienfait de la franchise, qui doit également profiter à toutes les sections de l'empire.

Article II.

*Y aura-t-il un port franc dans Marseille,
sans que Marseille soit port franc ?*

Si l'abonnement du droit de consommation payé par la commune de Marseille,
ne suffit point encore, il est possible d'a-
dopter une mesure qui conserve le bienfait
de la franchise, sans même admettre de
privilège. Sans doute Marseille n'a pas le
droit d'aspirer à des exemptions privées ;
et si l'on doit desirer qu'elle puisse étendre
son commerce, c'est pour l'intérêt général, plus encore que pour le sien. Dès-lors
le gouvernement peut, dans l'enceinte de
Marseille, assigner un local convenable
pour y établir le port franc, sans que Marseille, pour sa consommation, participe
isolément à ses exemptions. L'administration peut choisir sur les lieux, dans
l'enceinte même du port, le local le plus
favorable : l'ancienne citadelle de Saint-
Nicolas, la plage de Saint-Victor à la
gauche du port, la place dite des Prud'-
hommes, ou celle de la Major à la droite,

toutes également grandes et également bien situées, peuvent fixer l'attention et le choix de l'administration. Les divers locaux qu'on indique, distribués d'une façon convenable, et entourés d'un mur de clôture, peuvent remplir le but qu'on se propose.

Les dépenses auxquelles cet établissement donnerait lieu, doivent être à la charge du gouvernement; et quelque considérables qu'elles paraissent, on ne doit les envisager que comme une avance, que les bénéfices du commerce général et de la balance ne tarderaient pas à couvrir. La grandeur supposée de la dépense ne doit pas même arrêter, puisque les frais de magasinage auxquels seraient soumises toutes les marchandises entrant dans le port franc, paieraient beaucoup plus que l'intérêt de l'avance; et un long espace de tems ne s'écoulerait pas sans qu'ils parvinssent à faire rentrer le capital.

Cette mesure offrirait donc des avantages qui méritent d'être appréciés dans le cas où l'on ne croirait pas devoir étendre le port franc à l'enceinte entière de Marseille. Parmi eux on peut compter la situation nouvelle dans laquelle se trouveraient les manufactures de Marseille. Par cette heureuse disposition elles ne seraient plus considérées comme manufactures étrangères, ni soumises à des droits de visite et d'entrée, qui leur enlèvent la circulation et la faveur dont elles ont droit de jouir dans l'intérieur de la république ; car, malgré les mesures qu'avait prises l'ancienne administration, on n'était pas parvenu à les nationaliser toutes. Et il faut le dire, la franchise accordée à l'enceinte entière de Marseille, en soumet quelques fabricans à ne travailler en quelque sorte que pour l'étranger, et leur ôte la faculté du concours avec les fabriques de l'intérieur.

Suivant le mode qu'on adopterait, on pourrait compter encore la faculté d'approvisionner le Midi des cafés de nos colonies, avantage dont Marseille était jadis privée par le port franc, qui assimilait à leur entrée dans l'intérieur les cafés des îles à ceux du Levant, avec lesquels ils étaient confondus par la douane.

La raison en est sensible. Par son ancienne constitution, Marseille ne payant point de droit de consommation, ne pouvait faire franchir les limites du port franc aux cafés des îles, qu'en payant pour eux un droit égal à celui auquel était soumis le café du Levant. Dans tous les ports français qui n'avaient point de franchise, l'entrepôt existait pour nos denrées coloniales, et les cafés qu'on en tirait pour l'intérieur étaient soumis à un droit de consommation de 10 fr., et de 10 s. pour livre par quintal. Marseille était exempte de ce droit; mais, comme une disposition conservatrice établie dans l'utile objet d'augmenter la consommation de nos produits coloniaux, avait soumis les cafés du Levant à payer à l'entrée un droit de 37 liv. 10 s., y compris les 10 s. pour livre par quintal, il arriva que Marseille, exempte du premier droit, se vit assujettie à payer le second dans toute sa rigueur, par la difficulté de distinguer aux bureaux les deux sortes de cafés, dont l'un n'aurait dû que le simple droit de consommation, tandis que l'autre était assujetti à celui de 37 liv. 10 s. pour cent pesant.

C'est ainsi que tout le midi de la France était approvisionné par Bordeaux aux dépens de Marseille. D'un autre côté ce droit était tellement élevé, que la fraude dut très-souvent y trouver son compte, si l'on observe que le droit de 37 liv. 10 s., dont les cafés étaient grévés à leur entrée par Marseille, portait sur une denrée, dont le cent pesant ne s'élevait quelquefois qu'à 50 francs.

Le nouveau mode à établir pourrait donc se combiner de telle sorte, que Marseille ne fût plus privée d'approvisionner les départemens méridionaux d'une denrée qui, de nos jours, est devenue un besoin. Cette place, il est vrai, ne serait plus exemptée du droit de consommation, mais elle verrait cet avantage, dont notre nouvelle hiérarchie sociale lui défend de jouir, heureusement compensé par les nouveaux débouchés qu'elle aurait pour son commerce.

Mais, après les avantages qu'un port franc déterminé dans l'enceinte de Marseille présente, on ne doit pas dissimuler l'inconvénient auquel il donne lieu, et qui est peut-être de nature à l'emporter sur eux.

L'immense développement du commerce de Marseille dans le Levant, demande un entrepôt immense; il exige la plus grande rapidité dans les expéditions; il commande une continuité de circulation, d'apprêts, de manipulations qu'un entrepôt ne peut comporter ou qu'il doit gêner sans cesse. Il est telle nature de marchandises qui, pour chaque négociant, demanderait un emplacement immense et des frais qui ne le seraient pas moins. Dans presque tous les genres de commerce le négociant a besoin d'avoir ses marchandises dans ses magasins, de les avoir continuellement sous sa main; de pouvoir leur donner la forme, la préparation qu'elles exigent. Tel commerçant reçoit à son adresse cinq cents ou mille balles de coton qui appartiennent à vingt particuliers différens; la marque de chacun d'eux peut s'altérer, se changer dans l'entrepôt général. Quelle confusion dans ses mouvemens, dans ses dispositions! s'il est obligé d'opérer dans cette enceinte, qui, pour grande qu'elle soit, ne suffira jamais aux besoins de cette multitude d'individus qui se heurteront, se croiseront sans cesse!

L'impossibilité des mouvemens nécessaires est démontrée pour le négociant qui se livre au commerce des huiles ; il sera obligé d'avoir à grands frais, dans l'entrepôt, des piles qui occuperont un local considérable, et qui le grèveront en pure perte, par l'inutilité à laquelle seront désormais condamnées celles qui existent dans l'enceinte de Marseille.

Il est telle denrée qui se détériore ou s'altère faute de soin ; telle autre qui perd de son prix si elle n'est pas assortie ; une troisième qui demande une manipulation convenable aux besoins, à l'utilité, au goût des états qui la consomment ; quelquefois le charroi suffit seul pour qu'on en doive changer la forme ; car il est telle marchandise des îles qui s'expédie en sacs et ressort en barrique. Enfin, il en est telle autre, qui, si elle a été avariée, doit être soumise à diverses préparations indispensables, pour n'être pas entièrement perdue. Tous ces motifs réunis et jadis bien appréciés par le gouvernement, lui prouvèrent combien il était indispensable que le négociant eût toujours sa marchandise sous la main. Et ils suffisent, ce me semble, pour démontrer que, si un port franc ou entrepôt général limité dans une enceinte indiquée présente des avantages, ils disparaissent devant les inconvéniens qu'il entraîne. Un port franc ou entrepôt général qui permet à tout négociant d'avoir ses marchandises dans ses magasins, doit, à toutes sortes de titres, obtenir la préférence.

Article III.

Au défaut d'un port franc, les négocians jouiront-ils de droit d'entrepôt dans leurs magasins, pour les marchandises soumises à des droits, en fournissant caution pour le montant des droits ?

Ce mode n'est point nouveau en France ; il ressuscite le droit d'entrepôt dont jouissaient nos denrées coloniales à leur entrée dans nos ports, et s'étend désormais à toutes les autres marchandises étrangères dont on croira devoir permettre l'entrée. Essayons d'apprécier les avantages et les dangers d'un règlement ainsi conçu.

Posons d'abord en principe, que le négociant favorisé dans tous ses mouvemens, n'a plus de gênes à redouter; mais que, si la faveur de cette nouvelle espèce d'entrepôt tend à appeler les étrangers dans les ports auxquels on l'aura accordée, il ne s'ensuit pas que leurs denrées ne doivent être assujetties à un droit quelconque, propre à assurer la préférence aux nôtres dans la consommation intérieure. Dès-lors le cautionnement exigé pour le droit d'entrée est une mesure aussi sage que juste, dont les négocians ne peuvent point se plaindre. Ils en sont d'autant moins grévés, que le droit qu'ils sont soumis à payer, ils ne l'acquittent qu'autant qu'ayant déja mis dans la circulation intérieure la denrée qui est frappée du droit, ils en ont reçu le montant de leurs acheteurs. Ils l'acquittent donc sans se mettre en avance, et c'est-là le grand et peut-être le seul inconvénient auquel il importait de parer.

Cette disposition est infiniment plus judicieuse que celle de la restitution des droits qui existe en Angleterre. Le règlement du *Drawback* paraît y avoir été établi par le régime

régime fiscal qui profite des avances qu'il exige des négocians. En effet, tout commerçant anglais étant soumis, au moment de l'introduction, à acquitter le montant des taxes dont sont grévées les marchandises étrangères, ou autres qui doivent des droits d'entrée, sauf la restitution qu'on lui en fait à leur sortie, il en résulte que le négociant qui fait un commerce très-étendu, peut avoir en débours une somme très-considérable entre les mains du fisc; que cette somme est perdue pour son commerce, pendant tout le tems que les douanes en profitent; et qu'enfin, le cas de la restitution des droits arrivant, on ne la lui rend pas dans son intégrité , et qu'une fraction reste entre les mains des officiers des douanes, pour les droits qui leur sont attribués.

Ainsi, le cautionnement auquel le négociant serait assujetti, le gréverait d'autant moins, qu'il ne serait jamais dans le cas d'en acquitter le montant avant la vente; et quant aux marchandises soumises à la réexportation, il se bornerait à remplir la destination qu'avaient autrefois les *acquits à caution.* Le négociant jouirait de la faveur d'un an d'entrepôt dans ses magasins, sauf le cas d'ampliation, quand on le croirait nécessaire : il compterait avec les fermiers, tous les trois mois; il leur paierait, à chacune de ces époques, les droits sur les marchandises qu'il aurait mises dans la circulation intérieure : il leur représenterait sa décharge, pour celles qu'il aurait fait ressortir ; et leur représenterait celles qui existant encore dans ses magasins, le dispenseraient de l'acquittement de tout droit, jusqu'à la disposition définitive.

Par ce moyen, nul danger pour le fisc dont les droits ne sauraient être fraudés ; nulle perte pour le négociant dont l'intérêt ne serait point lésé ; enfin, nulle gêne dans ses mouvemens ni dans ses opérations, parce que ses marchandises étant toujours dans ses magasins, il ne perdrait point sur elles la surveillance nécessaire que la plupart réclament. Cependant bien des personnes paraissent craindre qu'un cautionnement qui, dans quelques circonstances pourrait être très-considérable, ne parvînt à gêner soit les dispositions des négocians, soit la con-

fiance qu'ils ne doivent jamais cesser d'inspirer dans leurs rapports commerciaux.

Il faut à cet égard raisonner dans une
double supposition. Les marchandises reçues dans l'entrepôt se composent des articles qui sont soumis à un simple droit de
consommation, tels que les denrées de nos
colonies, ou des articles qui sont soumis à
de très-hauts droits d'entrée, comme quelques marchandises étrangères, et enfin de
ceux qui sont frappés d'une interdiction absolue, comme le sont quelques manufactures étrangères.

Dans le premier cas, l'expérience démontre que le cautionnement n'entraîne aucun danger. Nos denrées coloniales, soumises au droit de consommation, jouissaient
dans tous ceux de nos ports qui faisaient le
commerce des îles, d'un entrepôt qui les
dispensait de l'acquittement du droit. Or,
jadis il n'était pas rare de voir, par exemple,
tel négociant de Bordeaux qui recevait à sa
consignation de riches cargaisons des îles,
se charger fictivement de la somme de deux,
de trois, et même de quatre cent mille francs
en faveur du fisc, sur le seul article des

sucres terrés qu'on lui avait expédiés, et qu'il aurait pu introduire dans la consommation. Ce genre d'engagement, dans aucun cas, n'avait ni grévé son commerce, ni nui à son crédit.

Dans l'hypothèse actuelle, l'effet serait précisément le même. Le cautionement fictif exigé du négociant, d'après le nouveau mode, ne serait pas d'une autre nature que l'obligation qu'il contractait jadis de payer le droit d'entrée sur les articles qu'il mettait dans la circulation intérieure. Donc, si la cause est la même, si le genre d'engagement, sous des noms divers, n'est pas différent dans le fait, si le mode nouveau n'exige point des avances dont l'ancien exemptait, les effets doivent être pareils; et le cautionnement ne sera pas plus dangereux pour le négociant, que ne l'était jadis l'entrepôt qui le soumettait au paiement des droits sur les marchandises qu'il avait introduites dans la consommation.

Mais, dans le second cas, la position du négociant n'est plus la même. Les marchandises étrangères, en tant qu'elles sont soumises à de plus forts droits, ou qu'elles sont frappées d'interdiction, donnent peut-être lieu à une solution opposée.

Marseille étant plus spécialement destinée au commerce étranger, et surtout à celui du Levant, doit avoir la faculté de recevoir dans son anceinte les marchandises de tous les pays : alors l'effet que le cautionnement peut produire sur le négociant qui en est grévé, n'est plus le même, surtout relativement aux marchandises qui sont frappées d'une interdiction absolue.

Ici il ne s'agit plus d'un simple cautionnement. La denrée prohibée que le règlement lui permet de recevoir dans ses magasins, devient pour lui un dépôt sacré dont il ne peut disposer que pour la revendre à l'étranger. S'il viole cette loi de rigueur, s'il l'introduit dans le commerce intérieur, il porte le préjudice le plus notable à nos manufactures, et l'infraction de la loi ne le grève plus d'un simple cautionnement ; elle le frappe d'une peine qui entraîne le paiement du prix de la marchandise introduite, et d'une amende proportionnée au délit.

Dans ce cas, son crédit peut réellement

être atteint, ses rapports commerciaux doivent nécessairement s'affaiblir en raison des
dangers qu'il peut faire courir à ceux qui
traitent avec lui, et qui n'ont plus pour
garans que sa bonne foi. Les obligations
qu'il contracte envers le fisc étant privilé-
giées, et étant en proportion de la quantité
des marchandises frappées d'interdiction
qu'il a reçues dans ses magasins, si la quantité de ces marchandises les porte à une
somme très-considérable, il doit s'attendre
à voir diminuer la confiance générale. Si
l'espoir des bénéfices de la fraude l'aveugle
sur le danger de s'y livrer, il détruit le
gage qui doit rassurer ses créanciers. Il le
détruit encore par la seule crainte qu'inspire la possibilité de la fraude. Une funeste prévoyance, fruit amer de l'expérience, rend toujours le commerce soupçonneux : c'est précisément parce qu'il a
besoin d'une constante bonne foi que le
moindre soupçon l'alarme ; il est toujours
diposé à croire ce qu'il redoute ; ce qu'il
craint, il le suppose ; et la confiance qu'il
commande, est à peine égale aux précautions qui doivent l'assurer.

Or, les douanes jouissant toujours d'un droit de privilège, le fisc étant toujours le premier créancier, la fortune du négociant ne suffit plus pour rassurer le crédit, quand il multiplie les rapports avec les douanes, quand il se met dans un point de contact continuel avec elles, en recevant dans ses magasins une grande quantité de marchandises frappées d'interdiction, ou soumises à de très-gros droits; car il ne lui suffit pas d'être réellement incapable d'abuser du dépôt qu'il est autorisé à recevoir ; il faut encore que le soupçon ne puisse l'atteindre ; et la confiance même la plus absoulue a ses limites.

Pour prévenir ce danger, il n'est donc qu'un seul moyen possible, relativement aux marchandises soumises à l'interdiction; car l'on voudra bien ne pas perdre de vue que nous raisonnons d'après la nécessité reconnue d'un entrepôt général. Pour ne pas rendre trop dangereux le droit d'entrepôt, il faudrait donc en accordant au négociant la faculté de recevoir dans ses magasins toutes les denrées, le soumettre à l'obligation d'en remettre les clefs aux fermiers, de telle sorte qu'en aucune occasion il ne pût disposer des marchandises qu'ils renferment, sans leur concours.

Alors sans doute, l'état n'a plus à redouter l'introduction des articles de manufacture étrangère ; le commerce n'a plus à s'alarmer sur la possibilité de la fraude de la part du négociant consignataire : mais, d'un autre côté, combien on gêne la liberté du commerce par la multiplicité des rouages qui en compliquent le jeu et l'action ! Dans une ville telle que Marseille, quels embarras toujours nouveaux, si le négociant ne peut entrer dans ses magasins sans y être autorisé par la présence d'un agent des douanes ; si toutes les fois qu'il aura à faire une vente, une disposition, une manipulation quelconque, il est soumis à attendre que le fermier lui en apporte la clef ! Quelque multipliés que soient les agens des douanes, ils ne seront jamais assez nombreux pour satisfaire aux besoins des négocians ; ceux-ci seront souvent obligés d'attendre, et pourront manquer le moment favorable pour faire des dispositions avantageuses ; et gênés dans tous ses mouvemens, le commerce languira par ce nouveau genre d'entrave et de surveillance auquel il sera soumis.

Mais n'est-il pas un moyen plus facile, plus avantageux, de prévenir tous les dangers et de concilier l'intérêt de l'état avec celui des commerçans et avec le droit d'entrepôt général? c'est ce que nous allons examiner.

ARTICLE IV.

Au défaut d'un Port franc, comment peut-on déterminer l'Entrepôt général. ?

D'après les principes que nous avons établis, Marseille doit jouir de toutes les prérogatives qui peuvent contribuer à étendre son commerce avec les étrangers, et surtout avec les échelles du Levant et de la Barbarie. Le moyen le plus favorable pour atteindre à ce but, est d'appeler les étrangers par tous les genres d'exemptions et de franchises qui peuvent en augmenter le concours dans son port.

Nous avons vu jusqu'à ce moment, qu'un entrepôt ou port franc limité dans un quartier de Marseille, s'il a des avantages, n'a pas de moindres inconvéniens : nous avons vu que le droit d'entrepôt accordé à tous les négocians dans leurs magasins respectifs, en donnant caution, offre à la fois des avantages et des dangers ; enfin, nous avons vu que le port franc général, accordé à l'enceinte de la ville de Marseille, présente des avantages qui ne sont affaiblis par aucun des dangers que les autres mesures supposent. S'il n'est pas exempt de tout inconvénient, du moins ce mode est-il celui qui leur laisse le moins de prise. Mais l'établissement d'un port franc général paraît alarmer quelques hommes scrupuleux, par l'idée d'une sorte de privilège qu'ils supposent devoir y être attachée ; ils ne sont pas même rassurés par le moyen du rachat du droit de consommation de la part de la commune de Marseille envers l'état. Examinons donc s'il ne serait pas possible d'établir un mode nouveau qui fît participer Marseille à tous les avantages du port franc, sans l'associer aux dangers des autres mesures, et sans admettre l'existence d'un privilège que notre

nouvelle organisation politique paraît re-
pousser.

Après avoir mûrement réfléchi sur cette
importante matière, après m'être fortement pénétré de l'indispensable nécessité
des ports francs et des abus auxquels ils
peuvent donner lieu, après avoir mis à
contribution les lumières et l'expérience de
négocians également étrangers aux préventions et à l'esprit de système, j'ai tâché de
résoudre ce grand problême d'économie
commerciale; et je vais, avec une juste méfiance, proposer la solution que j'ai hasar-
dée. On y verra au moins le desir du bien :
qu'un autre fasse mieux, qu'il propose un
mode plus avantageux, et je serai le premier à lui rendre hommage en me ran-
geant à son avis.

Je propose pour Marseille un entrepôt
général, divisé en deux sections, ou pour
mieux dire, deux sortes d'entrepôts distincts et séparés.

Le premier, que j'appelle *entrepôt fictif*; et le second, *entrepôt effectif*.

Le premier serait *entrepôt à charge*, et
le second, *entrepôt à décharge*.

Examinons à présent leur différence dans le mode et dans la destination.

Dans l'entrepôt *fictif* seraient reçues toutes les marchandises coloniales ou étrangères, soumises à un droit quelconque, mais dont la circulation et la consommation ne sont point interdites dans l'intérieur. Cet entrepôt aurait lieu dans les propres magasins de tous les négocians. Les douanes auraient sur eux la même action qu'elles avaient jadis relativement aux denrées de nos colonies. Chaque négociant compterait avec elles comme par le passé : il paierait les droits sur les objets qu'il aurait fait passer dans la consommation ; il serait déchargé de ceux relatifs aux denrées réexportées. Les étrangers jouiraient du même droit, en donnant caution ou sous la garantie du négociant qui serait leur consignataire. Cet entrepôt fictif aurait un an de durée, sauf ampliation de délai. Pendant tout le tems que la marchandise serait en entrepôt fictif dans les magasins des négocians, ils répondraient au fisc de son emploi ; et c'est pour cela que je l'appelle *entrepôt à charge.*

Voici les avantages qui résultent de cette disposition. Les marchandises étant reçues en franchise dans les magasins des négocians, les étrangers peuvent les y acheter, sans qu'elles soient grévées d'aucun droit. Les Hollandais, les Danois et les Suédois, par exemple, enlèvent quelquefois de Marseille des cotons filés, des huiles, des savons, etc. S'ils ne peuvent pas les trouver dans nos magasins aux mêmes prix que dans l'étranger, s'ils les trouvent grévés d'un droit onéreux, ce n'est plus dans Marseille qu'ils viendront; c'est sur la côte d'Italie, c'est à Livourne qu'ils iront se pourvoir. Or, les huiles d'Italie, les cotons filés du Levant étant, non moins que les sucres et les cafés de nos colonies, au nombre des articles que les négocians recevraient dans leurs magasins, en entrepôt fictif, ces divers articles y étant reçus avec exemption de droit pendant la durée de l'entrepôt, les étrangers n'auraient pas à craindre de les acheter à des prix plus élevés que dans les marchés étrangers.

Par l'entrepôt fictif, le négociant n'est pas privé de ses marchandises; il exerce sur elles toute la surveillance nécessaire ; ses mouvemens, ses manipulations, ses ventes ne sont pas gênés. Les articles qu'il reçoit n'étant soumis qu'à un droit d'entrée ou de consommation, l'état, le commerce, les manufactures nationales n'ont rien à craindre de leur introduction : le négociant est libre ; s'il acquitte le droit, on n'a plus rien à lui demander. Le danger de la fraude est bien moindre , car, eu égard à la modicité du droit, le bénéfice de la fraude n'est plus en raison des risques. Ce danger même est anéanti par la responsabilité du négociant, toujours soumis à représenter les quantités qu'il a reçues, ou leur emploi, quelles qu'aient été ses dispositions ; car il sait que, sur ce qu'il ne représentera pas, il devra payer le droit. Par ce moyen, tous les dangers disparaissent, et tous les avantages existent. Sans doute Marseille alors ne sera plus exemptée du droit de consommation sur les marchandises coloniales ; mais peut-être trouvera-t-elle la compensation de ce sacrifice dans les plus grands développemens de son commerce. Et d'ailleurs, ne dût-elle pas l'y trouver, dans le port franc ou l'entrepôt, ce n'est pas l'intérêt privé d'un négociant d'une ville qu'il faut considérer, mais l'intérêt général du commerce.

Quant à l'entrepôt *eeffctif*, il aurait à la fois un autre but et un autre local. Il serait circonscrit dans un quartier du port, tel que la citadelle de Saint-Nicolas, ou tout autre que l'on croirait plus propre à en remplir l'objet. Dans son enceinte, construite aùx frais du gouvernement, ou vendue à des particuliers, à la charge par eux d'y construire, dans un tems donné, seraient reçues toutes les marchandises étrangères, frappées d'une interdiction absolue, et celles grévées d'un droit assez fort pour emporter la presque prohibition. Aucun de ces articles ne pouvant entrer dans les magasins des négcians, et tous devant être déposés à l'entrepôt effectif, c'est pour cette raison que je l'appelle *entrepôt à décharge*.

Lorsque je présente le mode d'un entrepôt effectif, pour recevoir toutes les marchandises qui grèvent nos manufactures ou notre commerce, c'est à la sagesse du gouvernement à l'étendre ou à le restreindre, suivant la mesure de sa convenance ou de son utilité. La différence des deux entre-pôts est suffisamment motivée, puisque dans ce qui entre dans l'entrepôt fictif, rien n'est exclu de la consommation ; et dans tout ce qui est admis dans l'effectif, presque rien ne peut entrer dans la circulation inté-rieure, ou n'y entre qu'en acquittant de très-hauts droits. Par le premier, le négo-ciant est libre; par le dernier, il cesse de l'être. Cette liberté et cette gêne salutaires se continuent de telle sorte, qu'elles favo-risent également le commerce national. La liberté que l'entrepôt effectif enlève au négociant, tourne au profit de sa sécurité ; car celui qui reçoit de grandes cargaisons de marchandises ou prohibées ou soumises à de très-gros droits, s'il avait la faculté de les déposer dans ses magasins, se trouverait grévé d'un cautionnement souvent supé-rieur à sa fortune, qui ne pourrait que nuire à son crédit et à ses transactions : elle prévient le danger de la fraude ou ce-lui de traiter avec un négociant dont la for-tune serait en quelque sorte engagée au fisc. Cette gêne n'est pas moins avantageuse

au

au commerce en général ; car le négociant
qui pourrait se hasarder à mettre dans la
circulation des marchandises prohibées ,
porterait au commerce un préjudice irréparable , que l'entrepôt effectif est destiné
à prévenir.

Par le moyen de cet entrepôt , le gouvernement peut se faire rendre compte de
ce qui entre et de ce qui sort. Il connaît
la somme précise de la consommation des
marchandises étrangères. Il s'instruit des
causes de la préférence qu'elles obtiennent
dans les marchés du Levant. Il peut corriger l'abus ou l'erreur qui nuit au débouché
des nôtres, stimuler le zèle et l'application
des fabricans français , et parvenir à détruire cette préférence par des primes ou
des encouragemens. Les manufacturiers
peuvent s'instruire et s'éclairer, comme
nous l'avons dit plus haut , et les résultats
de leurs nouvelles connaissances tournent
au profit de l'industrie nationale.

En cas que le négociant français veuille
charger dans l'entrepôt effectif toutes les
marchandises qu'il exporte, comme cette
préférence n'est jamais sans motif, le bu-

reau consultatif du commerce en instruit le bureau central ou le ministre qui préside à cette partie : là on juge les causes, l'abus, le danger ; de là émanent les dispositions qui doivent les faire cesser.

Cet objet est plus important qu'on ne pense, si l'on considère la nature des bénéfices de l'armateur dans ce genre de commerce. Car nos rapports avec le Levant sont si étendus, les marchandises de retour sont si variées, si abondantes dans le port de Marseille, la réexportation en est si grande, que depuis longtems nos négocians faisaient dans le Levant des envois très - considérables en talaris et en autres monnaies. Cela démontre que nos propres marchandises ne suffisaient pas à la consommation, ou qu'elles n'étaient pas toutes également propres à remplir les besoins ou les goûts de ses habitans. Mais un bureau consultatif du commerce ne suffit point encore ; il serait à desirer que dans chacune des places auxquelles on aurait accordé un port franc ou entrepôt effectif, on établît un préfet de commerce, ou tout au moins un commissaire du gouvernement auprès de l'entrepôt. Sa seule fonction serait de présider à tout ce qui concerne l'entrepôt, moins pour en surveiller les mouvemens, que pour connaître les marchandises qui y seraient déposées ; pour déterminer les causes de leur préférence dans chacun des pays qui les consomment ; pour en favoriser l'imitation ; pour faire passer au bureau central toutes les observations qu'il aurait recueillies, et que ce conseil suprême du commerce transmettrait dans toutes les places où se fabrique la marchandise qu'il s'agirait d'imiter.

Ce commissaire auprès de l'entrepôt ne servirait, dans la même place, qu'un tems limité ; il passerait successivement dans les différens ports francs, pour y remplir les mêmes fonctions jusqu'au moment où, riche de toutes les observations qu'il aurait recueillies, il serait appelé à prendre place au bureau central du commerce.

Tel est le vœu que j'ose exprimer pour l'intérêt des manufactures et du commerce. Telle est la mesure que je regarde comme indispensable, si l'on veut leur donner le plus grand développement. Les bons esprits n'ont-ils pas lieu de s'étonner en effet, que tandis que les arts les plus futiles obtiennent des encouragemens, que tandis que les spectacles ont auprès d'eux un commissaire du gouvernement, pour surveiller leur organisation et présider à leurs délibérations, le commerce n'en ait point encore, et soit étranger à cette disposition bienfaisante, et qui, par ses résultats, offrirait à l'état les plus grands avantages ?

Revenant à l'utilité de l'entrepôt effectif, si du commerce général je passe au commerce particulier de Marseille, il ne produit pas de moindres avantages pour les négocians pris isolément. Citons un exemple: les cafés de nos îles, comme on l'a vu, étaient assujettis, à leur entrée dans la consommation intérieure, au droit de 37 liv. 10 s. dont étaient grévés ceux du Levant, auxquels ils étaient assimilés par le fisc.

Par le moyen des deux entrepôts, cet inconvénient n'existe plus. Les cafés des îles seront reçus dans l'entrepôt fictif, et ceux du Levant ne pourront entrer que dans l'entrepôt effectif. De là, il suit que Marseille pourra approvisionner les départemens méridionaux, sans être assujettie à d'autre droit qu'à celui de consommation ; tandis que les cafés du Levant ne pouvant être déposés ni pris que dans l'entrepôt effectif, continueront à être assujettis au plus fort droit, sans qu'il puisse en résulter ni erreur, ni abus.

Jadis les tabacs, les salaisons jouissaient à Marseille d'un droit d'entrepôt effectif : le négociant pouvait les recevoir dans ses magasins, dont il gardait une clef, à la charge par lui d'en remettre une seconde au percepteur du droit. Cette mesure prouve qu'on n'a pas toujours fermé les yeux sur l'utilité positive de ce genre d'entrepôt. Il ne s'agit plus en ce moment que de la généraliser, et de lui donner, avec un mode nouveau, le degré d'extension que le commerce réclame.

Enfin, si le but de l'institution des ports francs est d'appeler la navigation étrangère dans les ports qu'on déclare tels, quels heureux effets ne doit-on pas se promettre de l'adoption du mode proposé ? Les étrangers assurés désormais de trouver dans Marseille un entrepôt général pour tous les genres de marchandises , assurés de trouver à s'y pourvoir de toutes les denrées françaises et étrangères nécessaires à la composition de leurs chargemens de retour , appelés par le concours des vaisseaux de toutes les nations, qui leur promettra un débouché plus abondant et des ventes plus faciles, attirés par la sûreté de son port , que la nature semble avoir creusé pour défier les orages , ils oublieront bien vîte qu'il existe sur la même côte d'autres ports que le sien, et d'autre commerce que celui qu'elle offre aux besoins et aux denrées de tous les peuples.

Il y a trente ans que la Provence ne comptait qu'une seule foire franche. Dans un période de moins de vingt ans, l'administration en avait porté le nombre jusqu'à six par année. Le nouveau gouvernement vient de ressusciter cette mesure , dans l'utile but de donner un écoulement à nos denrées , et d'engager les étrangers à venir s'en pourvoir en franchise. Or, l'entrepôt est , pour les marchandises étrangères, ce qu'une foire franche est pour les produits de notre sol. L'entrepôt appelle la navi-

gation étrangère, en exemptant les acheteurs du droit d'entrée, comme la foire
franche appelle les consommateurs de nos
denrées, en les exemptant du droit de
foraine. Quand la foire franche est limitée
à un tems déterminé, le négociant est tenu
de s'y présenter dans le délai fixé pour
sa durée, pour jouir de sa franchise : l'entrepôt a de plus qu'elle la faveur d'être
ouvert dans tous les tems, sans être assujetti
à un délai fatal. L'intérèt politique qui
présida à l'établissement des unes, commande la création de l'autre. Commerce
plus grand, navigation plus étendue, circulation plus abondante, et multiplicité
de signes d'échange, tout démontre la nécessité de cet entrepôt : l'intérèt est un,
le but est le même, et les effets sont pareils.

En ce moment surtout, où nos rapports
avec le Levant viennent d'être rétablis, la
loi la plus impérieuse ordonne de corriger
sans délai, sans attermoiement, la législation fiscale, à laquelle Marseille est soumise. Tout commande de l'affranchir de
ces doubles droits, dont la plupart sont
aujourd'hui sans objet, et qui grèvent d'au-

tant plus son commerce, qu'étant hors de toute mesure avec les places même les plus fortement imposées, elle est condamnée à voir anéantir ses rapports avec l'étranger, si on laisse subsister plus longtems le funeste régime dont elle est frappée. (1)

---

(1) Graces aux soins du gouvernement, cette erreur vient enfin d'être réparée, et le mode qu'il vient d'adopter relativement à Marseille, ne diffère en rien de celui que j'ai présenté moi même. Il y aura à Marseille un *entrepôt fictif* et un *entrepôt réel.* Cette mesure utile ne tardera pas de produire les plus heureux résultats pour le commerce de Marseille ; l'expérience ne tardera pas à faire perfectionner ce système, et si une seule chose reste à desirer pour en opérer le complément, c'est de donner à cet entrepôt la plus grande extension, en y admettant indistinctement tous les genres de productions étrangères. Rien alors ne gênera plus aucun de ses mouvemens et le commerce sera aussi libre qu'il peut et doit l'être pour la prospérité générale.

A R T I C L E V.

Inconvéniens et avantages de l'entrepôt effectif, suivant le mode qu'on adoptera dans son établissement.

Les avantages qui résultent de l'entrepôt effectif pour les places auxquelles on croira devoir l'accorder, et surtout pour Marseille, sont incalculables; mais tout dépend des lois qui présideront à la création et au régime auquel on le soumettra relativement à l'exercice des douanes.

L'entrepôt ne peut être établi que pour appeler dans nos ports les étrangers, que le régime repoussant des prohibitions en écarte. Si Marseille jouit de cette faveur dans le sens le plus absolu, les places de Gênes et de Livourne sont anéanties pour le commerce. Ces deux places dans tout le cours du dernier siècle, n'ont obtenu de grands avantages que parce que les marins de toutes les nations y trouvaient en franchise soit une escale, soit un débouché, qu'ils ne pouvaient jadis obtenir dans Marseille, à cause des limitations impolitiques de son ancien port franc.

A l'avenir, qu'iront chercher les étrangers dans les ports de Gênes et de Livourne ? ces deux places n'ont ni producteurs ni consommateurs, dans le sens que le commerce attache à ces mots. Elles n'ont ni produits du sol, ni industrie manufacturière ; et les négocians étrangers ne peuvent aller y chercher que ce que d'autres négocians étrangers comme eux y ont apporté, à l'aide du puissant stimulant de la franchise.

Au lieu que si la franchise ou l'entrepôt de Marseille s'étend à tout, comme cela sera sans doute, il n'est plus de bornes où l'action commerciale de cette place puisse s'arrêter. Là, l'étranger trouvera, outre toutes les faveurs dont il jouissait jadis dans les ports d'Italie, des avantages exclusifs et inhérens à sa situation et à la nature de ses rapports. Là, il trouvera des producteurs et des consommateurs; il y trouvera, comme à Gênes et à Livourne, tous les genres de marchandises étrangères déposées à l'entrepôt; il trouvera dans les magasins des négocians les produits variés du sol, les produits abondans de toutes les marchandises coloniales et les produits de tous les genres d'industrie que les étrangers ne pouvaient jadis obtenir dans les ports d'Italie, que par suite des erreurs de notre ancien systême.

Dès-lors quel intérêt pourra écarter les étrangers de Marseille, ou les porter à ne pas lui donner la préférence sur les ports d'Italie, qui ne leur offriront ni la même concurrence dans les marchés, ni la même facilité dans leurs transactions, ni la même abondance pour y remplir leurs besoins de ventes, d'achats ou d'échanges?

Concluons donc que l'entrepôt fera regagner à Marseille tout ce qu'elle a perdu, et rendra les ports d'Italie à la précaire existence dont ils n'auraient pas dû sortir.

Mais l'entrepôt qui a pour objet principal de faire naître la concurrence des étrangers dans nos propres marchés, et de favoriser notre commerce, ne doit point être établi d'après un mode qui puisse gêner les mouvemens et les dispositions des négocians.

Quand je parle d'un entrepôt effectif, j'entends une enceinte déterminée aussi vaste que commode, et entourée d'un mur de clôture qui puisse généraliser la surveillance des douanes, et en rendre les effets plus faciles, sans fatiguer et molester le commerce.

Il est certain que, si cet entrepôt avait lieu dans une multitude infinie de magasins particuliers, disséminés dans un quartier de la ville, tels, par exemple, que le port et quartiers adjacens, on rendrait alors l'exercice des douanes plus inquisitif, plus gênant, plus dangereux pour le commerce. La ferme n'est en général que trop disposée à multiplier, à étendre, à outrer les précautions que ses agens n'appellent encore que conservatrices, quand elles sont déja vexatoires. C'est à la sagesse du gouvernement à en prévenir ou les erreurs ou les abus. Si les agens de la régie sont libres dans leurs mouvemens, et ils le seront, si l'enceinte de l'entrepôt n'est pas clôturée, si tous les magasins du port sont sous leur surveillance, il en résultera, avec le tems, cet inconvénient funeste qu'on ne pourra rien voiturer, rien porter dans le port ou sur les quais, qui ne soit soumis à leur inspection, et que le moindre paquet sera le sujet ou le prétexte d'une vérification désolante.

D'autre part, la régie elle-même aura besoin d'agens d'autant plus nombreux, que les magasins de l'entrepôt seront plus disséminés. A chaque mouvement, à chaque vente qu'un négociant voudra faire des marchandises qu'il aura en entrepôt, il sera obligé d'avertir le fermier, et d'attendre qu'il lui plaise de se rendre dans ses magasins, ou qu'il le puisse s'il est occupé ailleurs. De là, gêne, contrariété, dégoût, multiplicité des entraves, dont le moindre effet est d'arrêter les développemens du commerce et de détruire sa liberté.

Au lieu que, si l'enceinte de l'entrepôt est déterminée, si elle est entourée d'un mur qui la garantisse des dangers de la fraude, tout est simple, tout est facile dans les mouvemens du commerce et dans ceux de la régie. Trois ou quatre agens aux portes de l'entrepôt suffisent pour en surveiller

l'entrée et la sortie, les négocians conservent la liberté nécessaire, et le fisc ne
perd rien de ses droits.

C'est ainsi que la salutaire institution de
l'entrepôt effectif peut avoir les effets les
plus heureux, ou rencontrer des obstacles
pénibles suivant le mode qu'on adoptera
dans son établissement. S'il est renfermé
dans une enceinte indiquée, il offre tout
à espérer et rien à craindre : s'il est dissé-
miné dans une multitude de magasins, les
entraves qu'il opposera au commerce peuvent neutraliser pour les négocians le bienfait de sa création.

Le même danger ne peut exister dans
l'entrepôt fictif, lequel, comme nous l'a-
vons vu, doit avoir lieu dans les magasins
des négocians, sans inconvénient ni abus.

Toute marchandise soumise à l'entrepôt
fictif, pouvant être versée dans la consommation intérieure, le négociant conserve
la liberté de ses mouvemens. Si à l'expi-
ration du terme fixé pour l'entrepôt, il
représente la marchandise, s'il produit les
certificats de décharge pour celles qu'il
a fait ressortir, et s'il acquitte le montant

de celles qu'il a fait passer dans la circulation, il a rempli ses obligations, et les
agens des douanes n'ont plus rien à lui
demander. Cette distinction suffit pour mo-
tiver la différence qui existe entre les marchandises soumises à l'entrepôt fictif, et
celles qui doivent entrer dans l'entrepôt
effectif, relativement à la gêne ou à la
liberté du commerce et à l'exercice des
douanes.

Avant de terminer cet article important,
qu'il me soit permis de signaler une erreur
que la révolution a produite, et qui n'est
point encore réparée.

Il existait jadis en France, comme à
Marseille, un bureau de vingt pour cent. Il
assujétissait les vaisseaux étrangers à payer
le droit qui donna lieu à son nom sur les
marchandises du Levant qu'ils introdui-
saient dans nos ports; il grévait du même
droit les vaisseaux français qui importaient
les mêmes marchandises s'ils les avaient
chargées ailleurs que dans les échelles du
Levant. Ce droit qui dut son établissement
au desir très-sage de favoriser notre propre
navigation, a été aboli en France lorsque

le délire révolutionnaire a fait détruire ou méconnaître les bienfaits des plus salutaires institutions commerciales, et il n'est point encore rétabli. Cette erreur, qu'il suffit d'indiquer pour la voir promptement réparée par un gouvernement, qui, après s'être élevé aux plus hautes conceptions, sait descendre aux moindres détails ; cette erreur, sans l'interruption que la guerre a produite dans nos rapports avec le Levant, aurait porté une atteinte funeste à notre navigation. Si elle était consacrée, les Grecs, les Juifs, les Arméniens deviendraient bientôt nos propres rivaux dans le commerce, et les négocians européens le deviendraient dans le cabotage du Levant, le seul que nous ayons su conserver avec persévérance. Nos maisons françaises des échelles végéteraient bientôt dans une langueur funeste, et les négocians du Levant répandus dans toute l'Europe, ne tarderaient pas à nous ravir tous les bénéfices de ce commerce, par la plus grande économie qu'ils peuvent mettre à leurs opérations, et par le plus bas prix auxquels ils obtiennent les marchandises sur les lieux du crû.

J'ai

J'ai desiré pour les habitans du Levant la faculté de faire le commerce avec la France, parce que les objets qu'ils pourront nous fournir en plus grande quantité et à plus bas prix, augmenteront à la fois notre commerce et les bénéfices de notre balance. Mais cette faculté que notre intérêt bien entendu demande peut-être pour eux, ne doit pas s'étendre jusqu'au droit abusif de pouvoir faire ce commerce par des vaisseaux, autres que les nôtres, et surtout par les différens ports, soit de la Méditerranée, soit de l'Océan, qui font le commerce du Levant.

Un motif plus puissant encore doit restreindre cet avantage aux seuls vaisseaux français. Le régime sanitaire de tous les ports de la côte d'Italie, est bien loin d'être aussi sévère que celui du lazaret de Marseille. Si l'on multiplie les points de contact avec le Levant, sans assurer les précautions, on multiplie les dangers. Si jadis les négocians de Livourne, malgré la prime de 8 ou 10 p. $\frac{0}{0}$ qu'ils paiaient aux fraudeurs du droit de 20 pour $\frac{0}{0}$, parvenaient néanmoins à se défaire de leurs marchandises avec parité d'avantages contre celles que nos propres commerçans avaient tirées à droiture du Levant, cet avantage ne sera-t-il pas plus grand encore, lorsque le régime actuel ne les soumet qu'à payer les simples droits auxquels nos commerçans sont assujettis eux-mêmes? Enfin, ne généralise-t-on pas le danger pour toutes nos places où les Gênois et les Livournais pourront apporter les marchandises du Levant en franchise du droit de 20 pour $\frac{o}{o}$.?

On ne trouvera, certes, pas cette réflexion inutile, si l'on fait attention qu'au moment où j'écris, la place de Rouen vient de recevoir en franchise du droit une très-grande quantité de coton pour ses fabriques par des vaisseaux venus de Gênes et de Livourne.

Cette faveur abusive n'a eu en vue, sans doute, que le desir bien légitime de favoriser nos manufactures de coton; mais on ne voit peut-être pas que c'est aux dépens des manufactures de draps, de bonnets, etc. ; puisque ce qu'on a l'air d'accorder à l'une, tourne contre les autres, dont nous diminuons l'exportation dans

le pays auquel nous aurons d'autant moins
à payer, que les objets que nous en tirons
nous auront été fournis par les étrangers
qu'il aura fallu solder en espèces au préjudice de notre balance.

Ajoutons encore que cette faveur pèse
toute entière sur notre navigation ; et certes
nous ne sommes pas dans un moment où
une partie aussi essentielle puisse être négligée. Qu'on favorise les manufactures de
tous les moyens d'influence et de protection ; mais que ce ne soit pas aux dépens
de la navigation du Levant et de notre
cabotage dans les ports du Ponent ; car
notre marine, dans l'ordre des intérêts du
commerce, doit l'emporter sur les manufactures.

Cette variété, cette opposition d'intérêts,
nous ramènent à un des principes que j'ai
établis au commencement de cet ouvrage,
et qu'il est peut-être nécessaire de repro-
duire. Le commerce intérieur, quelle que
soit son importance, en a bien moins encore
que le commerce extérieur ; il n'est que
son agent, il n'est que son sujet ; car il
ne pourrait rien sans lui. Dans l'ordre des

devoirs de la hiérarchie commerciale, protégeons les manufactures comme moyens de consommation et d'économie; protégeons davantage celles qui donnent lieu à l'exportation ou à la réexportation, comme leviers de reproduction et de prospérité; protégeons plus qu'elle le commerce extérieur, premier moyen de richesse et de puissance : enfin accordons les faveurs les plus flatteuses, les primes les plus fortes, les avantages les plus grands à la marine, agent universel, sans le secours duquel toutes les autres branches de l'industrie nationale ne feraient que languir et n'auraient d'existence qu'autant que les états rivaux voudraient bien le souffrir.

Comme preuve de ce principe, je demanderai si une nation qui exercerait toute son industrie sur elle-même, sans la produire au dehors, pourrait s'appeler une nation commerçante? Que seraient Paris et Lyon, sans le secours de la réexportation? Que produiraient leurs nombreuses manufactures que la richesse, l'art et le goût assortissent, sans la marine, qui pourvoit à leurs besoin et les débarrasse de leur superflu ? Rien autre chose qu'une richesse factice et un faste ruineux, sans profit pour la balance.

D'un autre côté, une nation qui ferait un commerce immense de commission et de cabotage perdrait-elle son nom de nation commerçante, parce qu'elle n'aurait point de manufactures ? Elle serait, sans doute, privée d'une branche essentielle de bénéfices ; mais elle en serait dédommagée par un commerce extérieur plus abandant, en rendant ses négocians les facteurs de l'univers, comme l'ont été pendant longtems les Hollandais.

Heureuse la nation qui sait réunir tous les effets de ce double commerce ! La France peut également se livrer à l'un et à l'autre ; ses avantages de position et d'industrie sont immenses : qu'elle favorise les manufactures ; mais qu'elle favorise encore plus, s'il est possible, le commerce extérieur.

Concluons donc que l'établissement de l'entrepôt effectif doit être bien éloigné d'opérer l'anéantissement du bureau et du droit de 20 pour $\frac{\circ}{\circ}$. Il est sage, il est bien entendu qu'il soit remis en vigueur pour tous les ports français, comme pour Marseille. Il ne faut ni l'augmenter ni le réduire; mais, dans l'option, les motifs que j'ai tâché de faire valoir, démontrent qu'il serait moins impolitique d'ajouter au droit que de le diminuer.

Quant à l'entrepôt effectif, le mode le plus favorable pour l'exercice des douanes, c'est de le fixer dans une enceinte déterminée pour assurer l'état contre la fraude et pour garantir la liberté du commerce.

Enfin, l'entrepôt fictif ne doit avoir rien à craindre de l'action de la régie, dont il est en quelque sorte indépendant par ses mouvemens; mais si, contre toute espérance, le régime fiscal cherchait à l'embarrasser dans ses liens, le seul moyen d'affranchir le commerce, serait alors d'accorder à la place de Marseille la faculté d'abonner annuellement le droit de consommation pour toutes les marchandises soumises à l'entrepôt fictif, et d'en admettre la franchise et la libre circulation dans son enceinte, au bénéfice de son abonnement.

Il est inutile de répéter qu'en parlant du régime des entrepôts, je n'ai présenté

Marseille que comme terme de comparaison; et qu'à peu d'exceptions près, dépendantes de sa position et des circonstances locales, on peut le rendre commun à toutes les autres places auxquelles le système des deux entrepôts sera appliqué.

CHAPITRE XVII.

Des corporations, maîtrises et privilèges.

SECTION PREMIÈRE.

De l'apprentissage, des maîtrises et corporations.

PARMI les écrivains qui ont parlé des maîtrises, des corporations et des jurandes, il en est peu qui se soient accordés dans les conséquences et les effets qu'ils leur supposent. Les uns en ont exalté les avantages, sans en voir les dangers : les autres, frappés de leurs abus, ont fermé les yeux sur leur utilité. Depuis la révolution, surtout, les esprits même les plus sages, déviant de leur rectitude naturelle, n'ont plus voulu voir dans les maîtrises qu'un attentat contre ce premier principe du droit naturel, qui permet à chaque individu d'embrasser la profession qu'il préfère.

J'oserai n'ètre point de leur avis, sans néanmoins adopter dans son ancienne latitude le systême rigoureux des corporations et des jurandes. Tout homme doit, sans doute, avoir le droit de choisir dans l'ordre social l'occupation à laquelle ses goûts et ses connaissances semblent plus spécialement l'appeler. Mais la société à son tour exige de lui une garantie qu'il doit lui donner. Cette garantie est une sorte d'obligation qu'elle lui impose ; et tout de même qu'elle commande à l'homme qui veut participer au droit de cité, d'aliéner une partie de sa liberté, pour jouir avec plus de sécurité de l'autre, tout de même l'intérèt de l'ordre social exige qu'on assujettisse l'artiste, l'ouvrier, à des lois qu'il ne doit point enfreindre ; car ces lois deviennent le garant de son utilité.

On s'élève, sans doute avec raison, contre les droits abusifs des jurandes ou des privilèges des corps ; cependant ne doit-on pas admettre des modifications nécessaires ? n'y a-t-il pas des dangers à accorder indistinctement à tout individu la faculté d'exercer à son choix toute profession sans la connaître ? L'intérêt public n'admet-il pas des distinctions et des conditions qui puissent le rassurer contre le double danger de l'ignorance et de la sottise, et peut-être même de la mauvaise foi ?

Si tout homme pouvait impunément embrasser l'état qu'il préfère, sans donner à sa patrie aucune garantie de son aptitude, quels dangers n'en résulteraient pas pour elle ? L'art de la chirurgie doit à coup sûr, être compté parmi les premiers des arts sociaux par son utilité. Or, si tout individu peut embrasser cette profession délicate, sans avoir commencé par donner un gage de son habileté, le plus ignorant frater deviendra impunément le maître de la santé et de la vie des hommes, parce qu'il aura pris orgueilleusement le nom de pharmacien, et qu'il aura pu en mettre l'enseigne sur sa porte. Dans les arts, depuis cette profession jusqu'à la moins utile en apparence, tout s'enchaîne, tout est soumis aux mêmes lois. Si l'intérêt social commande de ne pas confier la vie des citoyens à l'homme étranger à l'art de guérir, l'économie politique ne commande pas moins de ménager leur fortune, et d'exiger une sorte de garahtie de ceux qui, donnant leur ouvrage pour de l'argent, doivent au moins être soumis à remplir, avec plus ou moins de perfection, les conditions que le genre de leur industrie leur impose.

Dans les arts mécaniques, l'apprentissage doit donc être considéré comme une mesure indispensable, et comme une garantie nécessaire de l'aptitude de l'ouvrier qui se destine à une profession quelconque. « Supprimer les apprentissages, comme » trop onéreux, » dit l'auteur de l'*Intérêt des Nations*, » ce serait pécher énor- » mément contre les principes qui font » desirer la rivalité des ouvriers, et contre » ceux qui servent à la faire renaître. » .... Il est important pour un état que » ses manufactures et ses fabriques ac- » quièrent de la supériorité par leur per- » fection. Il ne faut pas pour cela qu'un » législateur entre dans le détail des af- » faires particulières de chaque famille ; » mais il ne saurait trop prescrire, par ses » règlemens et ses lois, ce qui peut influer » sur la perfection de ses manufactures.

» C'est par la réputation de ses fabricans
» qu'une nation parvient plus sûrement
» à étendre son commerce. »

Ainsi, l'intérèt général du commerce de
l'état exige la disposition conservatrice de
l'apprentissage. Une loi anglaise en fixe la
durée au terme de sept ans. Cette loi paraît
d'abord infiniment rigoureuse, mais pour
peu qu'on y réfléchisse, on s'aperçoit que
la sagesse seule l'a dictée, que les effets
n'en peuvent être que très-salutaires pour
la nation, quelqu'atteinte qu'elle paraisse
d'abord porter à la liberté individuelle.
C'est peut-être à cette disposition conservatrice, à cette mesure restrictive, que
quelques manufactures anglaises doivent
leur supériorité : c'est peut-être au funeste
oubli de ce principe conservateur, que
quelques-unes des nôtres ont dû leur décadence.

Il y avait autrefois en France, dans quelques-uns des arts et métiers, dans la ser-
rurie, par exemple, une condition préa-
lable à la maîtrise : il fallait que l'aspirant,
pour y être admis, présentât ce qu'il ap-
pelait son chef-d'œuvre ; c'est sous ce rap-

port que l'espoir de la maîtrise excitait une émulation louable, bien loin d'être l'éteignoir du talent. J'ai vu moi-même des chef-d'œuvres de mécanique que cette généreuse émulation avait inspirés aux apprentifs ou compagnons, bien plus artistes qu'ouvriers, qui en furent les inventeurs. Telles sont les considérations sur lesquelles il est peut-être permis de s'arrêter.

A Dieu ne plaise que je propose un tems d'apprentissage aussi long, il ne m'appartient pas d'en déterminer la durée ; mais j'ose croire que l'apprentissage d'un métier étant la seule garantie qu'un citoyen puisse donner de son aptitude à l'exercer, il serait aussi impolitique de priver le corps social de cette garantie, qu'il le serait peut-être d'en assigner ou d'en trop prolonger la durée. Ce n'est point à la loi à la fixer ; elle doit naturellement être subordonnée à l'aptitude, aux dispositions, à l'assiduité plus ou moins grande de l'apprentif qui se destine à une profession quelconque. La seule condition supplétoire de la durée de l'apprentissage qu'on puisse exiger de lui, c'est de le soumettre à faire ses preuves;

et nous verrons bientôt comment ces preuves peuvent être acquises.

La nécessité de l'apprentissage reconnue nous conduit à l'examen des maîtrises, qui en sont la conséquence immédiate. Un écrivain doué d'un excellent esprit, et dont le livre est rempli d'idées saines et de vues judicieuses, le citoyen *Vital Roux*, s'élève contre les maîtrises, qu'il appelle *un monopole de profession*. Ne voyant dans les anciennes corporations que des abus, il enveloppe tout dans une proscription générale. Se livrant peut-être lui-même avec un peu trop d'engoument à l'attrait des idées nouvelles, et fermant les yeux sur le bienfait de l'institution des maîtrises, il reproche à ceux qui voudraient en soutenir les avantages, de s'abandonner à toute l'illusion des anciens préjugés au préjudice des progrès de l'industrie.

Les progrès de l'industrie et l'avantage général sont le but des recherches de cet écrivain ; ils sont également celui des miennes. Il croit y atteindre par une liberté absolue , emportant la suppression des maîtrises ; j'ose penser que l'adoption des maîtrises circonscrites dans de justes bornes peut seule nous y faire parvenir. Comment se fait-il que partant des mêmes principes, qu'ayant en vue les mêmes résultats, nous tirions cependant des conséquences opposées ? Lequel de nous se fait illusion ? Sans doute je dois craindre de me tromper ; mais, comme il s'agit d'une question d'économie politique, assez importante, pour mériter le plus mur examen, je vais exposer mes motifs ; je vais proposer mes doutes avec d'autant plus de méfiance, que j'aurais plus vivement desiré de ne pas énoncer une opinion différente de la sienne.

Il faut d'abord distinguer les maîtrises des corporations. Toutes deux avaient donné naissance à des abus, mais toutes deux avaient des avantages. Examinons donc, si en circonscrivant les maîtrises dans les justes bornes de leur utilité, elles ne seraient pas réellement plus avantageuses qu'une liberté absolue.

D'abord il faut distinguer les genres de professions qu'on assujettissait jadis indistinctement au droit de maîtrise : sans doute il importe assez peu qu'un homme soit perruquier en titre d'office, ou qu'il soit tailleur ou cordonnier par droit de maîtrise. Dans ces professions et dans celles qui leur ressemblent, la maîtrise était un droit purement fiscal, qui grévait l'individu sans être utile à des professions très-indifférentes en elles-mêmes, et que tout homme pouvait exercer indistinctement, sans abus ni danger, quelque fût le degré de son habileté ou de son ignorance. La maîtrise était donc complettement inutile, et elle pouvait devenir vicieuse, en raison des droits ou de la finance qu'elle soumettait à payer.

Mais on n'en doit pas juger de même dans d'autres professions plus réellement utiles; et je ne m'arrête pas seulement aux six corps de métiers. Il importe à la société qu'un maçon, qu'un charpentier, qu'un serrurier soient instruits dans leurs professions respectives; ils doivent être soumis à lui donner un gage, sinon de leur habileté, du moins de leur aptitude; ce gage c'est la maîtrise à laquelle ils doivent se soumettre. Cette maîtrise elle-même suppose l'instruction nécessaire; elle est la

récompense

récompense d'un tems d'épreuve, d'un apprentissage quelconque, qui seul peut rassurer contre l'ignorance ou la présomption. S'il s'agit des arts mécaniques dans tout ce qui se rapporte aux manufactures, la nécessité de la maîtrise devient plus indispensable encore par le point de contact qui les associe à l'intérêt général du commerce et à celui de l'état. Je ne vois plus rien que d'utile, que de nécessaire dans la mesure de la maîtrise exigée, pourvu toutefois qu'on n'abuse pas du principe qui la consacre.

En conservant cette utile institution, on devrait, sans doute, en élaguer les jurandes, toujours odieuses et vexatoires. On ne voudrait point ressuciter les attributions attachées aux jurés, aux prévôts, aux syndics, ni les droits onéreux qui en faisaient dans leurs corps respectifs autant de petits tyrans, toujours plus disposés à jalouser l'industrie, et à nuire à ses progrès, qu'à en protéger les efforts.

Depuis la révolution, maîtrises, jurandes, corporations, on a tout supprimé ! S'en trouve-t-on mieux aujourd'hui ? Je ne

3.   16

le pense pas. Avant d'accorder à tous les métiers une liberté illimitée, on aurait dû peut-être examiner si les maîtrises étaient avantageuses ou nuisibles, d'abord à l'état et ensuite à chacune des professions particulières, pour lesquelles elles avaient été établies. Leur suppression générale ne me paraît point un avantage ; on a détruit la chose, au lieu de se borner à en faire disparaître les abus, ou à en affranchir les professions auxquelles elle était inutile.

On a dit : chacun sera libre d'embrasser l'état qu'il aura choisi, sans gênes, sans entraves ; comme si une maîtrise bien déterminée mettait des bornes à la liberté du choix qu'un individu peut faire ; comme si elle était destinée à autre chose qu'à exiger les connaissances nécessaires à l'exercice d'une profession. Il s'agissait moins de détruire la maîtrise que d'en anéantir le droit, monument fiscal qu'on ne devait pas laisser subsister, et qui jadis suffisait seul pour comprimer l'essor ou l'habileté d'un ouvrier, qui ne pouvait être reçu maître, parce qu'il ne pouvait acquitter le droit aussi onéreux que lésif qu'on exigeait de lui. Par cette redevance odieuse on semblait lui dire : « Tu as passé la plus belle partie de ta vie à t'instruire dans les règles ou les secrets de l'art auquel tu t'es destiné. Pendant tout ce tems, tu as rendu à l'état tous les services qu'il pouvait attendre d'un citoyen laborieux et utile ; tu l'as enrichi de tes travaux et de tes sueurs ; et en récompense l'état te condamne à lui payer un droit de maîtrise, auquel tes salaires trop bornés ne te permettent pas d'atteindre ; et si tu n'acquittes point ce droit, les plus belles années de ta vie seront perdues, et tes talens seront exclusivement destinés à enrichir des patrons avares, qui ne te permettront jamais d'en consacrer la moindre part à ton propre usage. » Jamais, sans doute, l'odieuse fiscalité ne pouvait étendre plus loin ni ses abus ni son régime de fer.

Mais, en détruisant cet abus, la maîtrise n'aurait plus été considérée comme un objet de finance pour l'état ; le prix aurait pu en être réglé d'une manière si modique, qu'il aurait à peine suffi pour payer le droit de réception ou d'enregistrement. La nullité du prix aurait à cet égard fait disparaître toutes les difficultés. Le droit d'apprentissage lui-même aurait été circonscrit dans les bornes de son institution ; le mode à déterminer aurait pu affranchir les ouvriers de la jalousie et de la cupidité de leurs maîtres ; et l'intelligence humaine étant indépendante du calcul des lois et des règlemens, on ne peut pas plus imposer un frein au génie, qu'étendre la sphère d'activité de la paresse ou stimuler l'ignorance.

Je crois la maîtrise d'autant plus indispensable, qu'elle est la seule garantie que l'on puisse exiger de l'habileté de l'individu qui s'adonne à une profession quelconque. L'expérience en démontre encore plus la nécessité, si l'on observe le nombre des intrus qui pendant dix ans se sont associés à des professions, pour lesquelles ils n'avaient ni talens, ni goût, ni connaissance, et dont la plupart n'ont pas laissé de porter un préjudice notoire aux fabriques françaises. On aura beau dire que la forme du paiement, que la vilité de nos assignats est la cause la plus directe de la décadence de nos manufactures. Sans doute ce genre de paiement y a beaucoup contribué, mais l'ignorance des ouvriers, des artisans intrus, en réclame sa part. Et l'on ne disconviendra pas que, dans ces tems calamiteux, le manufacturier qui se respectait, que l'artisan qui tenait à la réputation que ses ouvrages lui avaient acquise, aimait mieux ne pas travailler que de déchoir, et qu'enfin lorsque le besoin ou la terreur l'obligeaient à alimenter ses fabriques et ses ateliers, les qualités qu'il fournissait, quoique moindres que les anciennes, étaient cependant bien supérieures à celles que des ouvriers aussi avides qu'ignorans, se permettaient de vouloir imiter.

Sans doute les ouvriers ne seraient plus assujettis à un droit d'apprentissage arbitraire, mais on ne devrait pas pour cela les dispenser d'être reçus maîtres : on ne leur demanderait plus ni argent, ni service forcé, mais simplement habileté ou connaissances. Sans doute tout artisan, tout ouvrier serait jugé avant d'être reçu ; mais il serait maître absolu de son tems et de la manière de s'instruire, sans être assujetti à des formes abusives. Se présenterait-il pour réclamer la maîtrise, on lui dirait, montre ton ouvrage : s'il n'en avait point, on lui dirait : monte ce métier, mets - toi à l'œuvre, montre ce que tu sais faire. L'ouvrage qu'il produirait serait son premier juge. Ainsi, par le double avantage résultant de l'examen et de la maîtrise, on ne donnerait jamais l'exclusion à un ouvrier capable d'exercer le métier auquel il se serait consacré ; on empêcherait qu'un homme ignorant dans son art pût le professer, et que comme tel il nuisît jamais ou aux citoyens ou au commerce général ; car c'est surtout aux arts mécaniques qui tiennent aux manufactures, que la maîtrise est nécessaire.

La liberté de l'ouvrier ne serait même jamais gênée en aucun tems. Si l'état qu'il avait embrassé cessait de lui convenir, il pourrait à son gré en embrasser un autre, sans gêne, sans entraves, et la seule formalité à observer, serait de le soumettre à une nouvelle maîtrise pour l'art nouveau qu'il aurait choisi d'après la différence qui séparerait l'un de l'autre.

L'apprentissage serait moins considéré comme condition de la maîtrise, que comme gage du talent. Dès-lors plus de frein, plus d'entraves dans les essais de l'artiste ou de l'ouvrier ; plus de ces règlemens ou ridicules ou absurdes, que le corps pouvait jadis instituer, et aux moyens desquels la médiocrité enchaînait le génie, ou la cupidité du maître mettait à contribution le travail de l'apprentif ou du compagnon qu'il tenait en servage. Plus de ces lois de police fiscale, qui sont un monument d'ignorance au milieu d'un siècle éclairé : liberté franche, liberté absolue à toutes les professions mécaniques comme à tous les arts libéraux. Mais néanmoins que l'habileté ou les connaissances indispensables à tout ouvrier dans une profession, soient toujours impérieusement exigées ; l'intérêt de l'état le commande ; elles sont la seule garantie qu'il puisse exiger, et cette condition nécessaire, loin de gêner la liberté, ne fait qu'en assurer l'exercice.

Pour ce qui regarde les corporations, elles avaient jadis des abus et des dangers, mais elles avaient aussi leurs avantages.

Je n'ose prononcer ; mais ne serait-il pas possible, en corrigeant, en faisant disparaître les uns, de conserver les autres? Depuis dix ans la révolution qui sembla destinée à mettre en fusion les passions les plus orageuses, n'a fait qu'étendre l'empire de l'égoïsme, du sordide intérêt, et peut-être de la fraude. La mauvaise foi semble avoir perdu une partie du caractère flétrissant qui la signalait : la duplicité ne voit plus la honte s'attacher à ses pratiques ténébreuses ; et la loyauté méconnue ou isolée, n'est plus, dans ses transactions, environnée de cette garantie morale, qui servait jadis à la rassurer. Il faut donc multiplier pour elle les formes protectrices, en raison des avantages qu'une démoralisation plus généralisée lui a fait perdre. Jadis, quand les corporations existaient, le corps exerçait sur chacun de ses membres une sorte de surveillance qui faisait la sûreté de l'état et des individus. Un sujet taré, s'il était connu pour tel, ne pouvait se flatter d'y entrer ; s'il se rendait coupable, s'il s'avilissait par la fraude, il encourait l'exclusion ; et la crainte de la censure du corps était un mobile conservateur, qui n'entretenait que de bonnes dispositions et n'opérait que des effets salutaires.

Je ne sais pas si je m'abuse, mais il me semble que les motifs qui jadis amenèrent l'anéantissement des corporations, avaient moins de force que n'en ont aujourd'hui ceux qui en sollicitent le rétablissement. J'ose dire que l'utilité des corporations doit se juger d'après l'importance ou la multiplicité des abus. S'il n'y a point d'abus elles sont inutiles; s'il n'y en a que peu, on peut encore s'en passer; mais, si les erreurs, si les dangers se multiplient, les corporations deviennent nécessaires pour les arrêter ou les corriger; car, si un individu peut s'avilir, il est rare qu'un corps entier nonseulement puisse s'avilir lui-même, mais encore ne cherche pas à réprimer le membre dont la conduite peut lui faire tort. Ainsi, de nos jours, en déterminant avec sagesse les bornes que les corporations ne pourraient franchir, en en limitant l'empire sur leur degré d'utilité relative, je crois les corporations utiles par les effets salutaires et sociaux qu'elles peuvent produire.

Je suis loin d'être partisan des grands corps, je les crois toujours pernicieux pour un état quel qu'il soit. J'ai dit ailleurs qu'un particulier associé à un ordre, à un corps puissant, tient toujours plus à sa corporation qu'à sa patrie, et qu'il n'est citoyen qu'autant que l'intérêt ou même l'esprit de corps lui permet de l'être ; mais dans les corporations des arts et métiers il n'y a rien de semblable, les intérêts ne sont plus les mêmes.

Dans les arts mécaniques la corporation produit un effet précisément contraire. Elle tient à l'état qui la protège ; elle est affectionnée au gouvernement qui garantit son existence : toujours utile, en aucun cas elle ne peut être dangereuse. Elle apprend à connaître tous ses membres ; elle multiplie entr'eux les liens d'association et de confraternité : il se forme dans son sein une puissance d'opinion, qui est pour tous ses membres un frein ou un stimulant salutaire. Elle exerce sur chacun d'eux une sorte de censure morale ; et cette censure produit un double avantage pour l'état ; 1°. elle le rassure sur les principes sociaux

de l'individu qui est attaché à la corporation : la police, qu'une sage disposition
lui permet, est une garantie suffisante pour
le gouvernement, qui voit alléger le fardeau de sa propre surveillance, de la part
qu'il lui permet d'en exercer. 2°. Elle rassure bien plus le commerce sur la probité
des individus; car la corporation est toujours intéressée à ce que ses membres ne
puissent tromper sur leurs ouvrages : s'ils
sont soumis à son utile inspection. S'ils déchargent l'état du fardeau de celle qu'il
devrait exercer lui-même ; et comme le
corps est toujours intéressé à ce que ses
ouvrages ne puissent jamais décheoir dans
l'opinion , sa surveillance ne peut , dans
aucun cas, produire que de bons effets, soit
relativement à la consommation intérieure ,
soit relativement à l'exportation plus grande
que la perfection soutenue des ouvrages
permettra d'espérer.

Hors de là, les privilèges , les jurandes ,
les règlemens rigoureusement imposés , par
lesquels le corps profite frauduleusement
des talens de l'ouvrier qu'il tient à ses
gages , sans lui permettre de s'affranchir

d'une dure tutelle, sont abusifs et funestes : les droits onéreux et bursaux des maîtrises sont des vices qu'on ne pourrait trop tôt se hâter de faire disparaître, s'ils existaient encore. La maîtrise et la corporation seraient rigoureusement restreintes dans les bornes de leur utilité, et l'intérêt général y gagnerait, sans que l'individu eût jamais à s'en plaindre.

SECTION II.

Des Privilèges.

LES corporations nous conduisent naturellement à parler des privilèges. Certes, si, comme il est vrai, le privilège ne doit jamais être considéré que comme un impôt mis sur l'industrie générale, au profit d'un particulier ; si on ne doit l'envisager que comme un frein imposé au génie ou à l'activité par le monopole, on ne peut jamais en regarder l'introduction que comme un des abus les plus dangereux, et l'on ne saurait trop restreindre l'usage.

Il faut d'abord distinguer les privilèges dans leur rapport d'utilité, autant qu'ils sont institués pour l'intérêt général ou pour l'intérêt privé.

Dans le premier cas, on ne doit jamais en borner l'usage. Ils ne sont établis que pour l'intérêt général, et en commerce comme en législation politique, l'intérêt public est la première loi. Dans le second, on ne peut trop les circonscrire, sans acception des personnes. Dans le cas même où l'on croirait devoir en accorder la faveur à une découverte, la justice distributive et l'intérêt général défendraient de le rendre exclusif.

Il faut encore distinguer les privilèges des corporations, des compagnies et des individus.

En aucun cas les corporations ne doivent en obtenir ; une cruelle expérience doit nous en avoir fait connaître les dangers. Jadis les privilèges des grands corps, des ordres, des villes, des états, des provinces étaient des obstacles continuels à l'unité de l'administration ; ils opposaient à chaque pas des entraves à l'action de l'autorité,

des difficultés aux développemens du commerce, et des droits plus ou moins onéreux
jusques sur l'usage des produits de l'agriculture et de l'industrie manufacturière.
Cette multitude d'abus, décorés du nom
de privilèges, ont frappé tous les bons esprits. Les privilèges qu'on accorde aux
corporations sont de véritables larcins faits
à l'industrie ; le monopole des corps est
peut-être le plus dangereux des abus, et
ce n'est, sans doute, pas de nos jours qu'on
doit s'attendre à le voir ressusciter.

Quant aux individus, jadis en France
tout était matière à privilège : l'art de
l'administration avait fait si peu de progrès
qu'on ignorit qu'un droit abusif accordé
à un individu, emportant une interdiction
absolue pour tous les autres, nuisait aux
développemens de l'industrie, aux progrès,
du commerce, et condamnait à l'inutilité
tous les artistes qui étaient atteints par
l'existence du privilège.

Le spécieux prétexte de favoriser les
découvertes, ou d'encourager les entreprises, donna naissance à cette foule de
privilèges, triste produit de l'erreur et de

l'ignorance , et que ceux qui les avaient obtenus savaient défendre contre tous les droits et les efforts que l'industrie et l'activité cherchaient sans cesse à opposer à leur monopole.

Dans la suite le gouvernement apprit enfin que les privilèges n'étaient propres qu'à tuer l'émulation, qu'à nuire à la perfection des ouvrages de l'art, et qu'à maintenir la cherté des articles sur lesquels ils portaient. Éclairé à ses propres dépens, il se rendit plus difficile à les accorder ; et le moyen qu'il employa pour récompenser ou dédommager l'inventeur, fut, il faut le dire, le seul propre à produire d'heureux effets. Il acheta les découvertes, et, suivant leur importance, il associa tout de suite le commerce et les manufactures aux procédés de leurs inventeurs.

Ce mode est à coup sûr le plus avantageux : on ne peut jamais trop se hâter de répandre une invention utile. Le prix que le gouvernement en paie est bientôt couvert par les profits que son exécution lui présente. L'ouvrier industrieux en profite ; il ajoute, il corrige, il perfectionne, et le procédé nouveau, qu'il peut s'approprier, lui donne de nouvelles idées qui le rendent à son tour inventeur d'imitateur qu'il était. C'est ainsi que la liberté dont il jouit, que les secrets auxquels on l'associe excitent son émulation, aiguillonnent son talent, et lui assurent à son tour le moyen de créer des chef-d'œuvres, et de rendre à l'état plus qu'il n'en a reçu.

Mais l'invention étant la plus jalouse, la plus sacrée de toutes les propriétés, si l'artiste se refuse à la vendre au gouvernement de son pays; celui-ci doit la respecter si elle est utile, il peut admettre un privilège, mais il ne doit jamais être que temporaire; il doit être accordé avec la plus sévère circonspection; et sa durée, ainsi que la délivrance du diplôme qui l'assure, doit surtout se mesurer sur le degré d'utilité publique, dont la découverte peut être. On ne peut circonscrire le droit d'en accorder; la sagesse de l'administration doit tout faire: mais, avant de se décider, elle n'oubliera jamais que le droit qu'elle accorde d'user d'un privilège n'est bien souvent autre chose que le funeste droit d'abuser; qu'en

matière

matière de commerce ce n'est jamais
l'homme, mais la chose qui doit seule obtenir ce droit dangereux.

Il reste maintenant à parler des privilèges des compagnies. Ils ne peuvent en
aucun cas être accordés qu'autant que
l'intérêt public les réclame; mais, quand
cet intérêt existe, la défaveur du mot disparaît devant le bienfait de la chose; je
ne vois plus de privilège, je ne vois que
l'utilité publique. La privation que l'état
impose à la généralité, fût-ce même pour
en favoriser un petit nombre d'individus,
devient un sacrifice nécessaire, puisqu'il
tourne au profit de tous. Le bénéfice que
la compagnie privilégiée peut faire disparaît à mes yeux; ce n'est pas son intérêt
qui me touche; je ne veux voir que celui
que l'exercice de son privilège procure à
l'état. S'il est tel que sans l'existence du
droit particulier l'état fût lézé ou gagnât
moins, pourrait-on alors appeler privilège
la disposition qui assure au commerce ou
au corps politique la faculté de jouir de
tous ses avantages?

Si on osait le dire, je pourrais à mon tour

répondre que dans l'ordre social tout se compose de privilèges et de sacrifices; car le privilège qu'on accorde à un citoyen, ne peut jamais se fonder que sur les sacrifices qu'on impose aux autres. Le titre de premier magistrat, celui d'administrateur, celui de juge, celui de tout homme en place suppose l'existence et l'exercice d'un privilège plus grand ou plus faible, suivant la nature des fonctions respectives qui sont attribuées à ces diverses magistratures, que le corps de la nation délègue aux hommes recommandables qu'elle croit plus dignes de les remplir. Or, l'autorité que chacun d'eux acquiert se compose du sacrifice que chaque citoyen fait d'une partie de ses droits et de son indépendance. Cette privation, qu'il s'est volontairement imposée, il n'en murmure point, parce qu'il sait qu'elle est utile à tous, et qu'il n'a rien fait que pour l'intérêt général comme pour le sien. Cependant cette fraction de son indépendance qu'il a aliénée, ce droit qu'il a délégué, cette autorité qu'il a donnée, n'est autre chose qu'un privilège dont l'intérêt public lui a commandé l'investiture, en faveur du magistrat ou de l'administrateur qu'il établit au dessus de lui. Concluons donc qu'il n'y a plus de privilège dans la cession d'un droit sollicité par l'utilité publique; que tout commerce extérieur qui ne peut se faire avec avantage pour l'état que par une compagnie, en exige l'établissement, sans égard au nom dont on voudra l'appeler. Concluons enfin que le mot de privilège supposant l'existence d'un sacrifice, et souvent d'un abus, il n'y a plus ni abus ni sacrifice dans l'adoption du mode qui seul peut procurer à l'état de plus grands avantages. Tel est précisément le genre d'utilité que j'ai attribué aux compagnies des grandes Indes et d'Afrique. Si on appelle privilège le droit qu'on leur attribuera, à coup sûr il a l'utilité publique pour objet, et le privilège en est nécessaire.

Il reste à dire un mot des compagnies de capitalistes qui s'offrent au gouvernement, pour la confection d'un ouvrage utile. Les mêmes règles, les mêmes principes doivent présider à la délivrance des privilèges qu'elles sollicitent. S'agit-il de creuser un canal, de dessécher un marais, de construire un pont, le droit qu'elles réclament n'est plus un privilège, c'est un salaire. Un privilège suppose une faveur, et il ne s'agit ici que du remboursement d'une avance utile. L'octroi que le gouvernement accorde est la suite d'un traité exécuté. Le gouvernement n'a pu en faire la dépense lui-même ; d'autres s'en sont chargés, et l'utilité générale y trouve également son compte. La confection de l'ouvrage donne lieu à un droit de voiture ou de péage, pour rembourser les entrepreneurs; mais ce droit est un prix convenu pour un travail assigné; il est toujours utile au commerce, et jamais onéreux. Le voiturier ou le conducteur est soumis à payer un droit; mais, si ce droit s'élève à une moindre somme que celle que lui eût coûté le charroi de sa marchandise par les routes ordinaires, s'il lui fait traverser sur un pont, avec plus de sécurité, de promptitude, et sans surcroît de dépense, une rivière que jusques-là il avait traversée dans un bateau, il y a profit pour le commerce, et non dommage ; il y a économie, et non dépense ; il y a commodité, et non gêne ou entrave.

Hors de ces cas et autres semblables, où l'utilité générale l'emporte sur les avantages particuliers ; hors des cas d'urgence qui peuvent se rencontrer quelquefois, les privilèges à accorder aux compagnies destinées à exploiter un commerce extérieur, ou à s'approprier une branche particulière de la consommation intérieure, ne méritent pas plus de faveur que les individus qui sollicitent isolément un privilège. J'ose même croire qu'elles sont plus dangereuses encore, puisque leurs moyens réunis les mettant plus en mesure de donner la loi dans les marchés, l'atteinte qu'elles peuvent porter à la liberté générale, et à la concurrence, est plus cruelle, et que l'industrie des individus ne peut jamais lutter de pair avec elles.

CHAPITRE XVIII.

Des Faillites , des Banqueroutes et de la Contrainte.

SECTION PREMIÈRE.

Faillite trop peu distinguée de la banqueroute. Quand et comment appliquer la contrainte.

POURQUOI faut-il que j'aie à parler de ces évènemens malheureux, tristes produits de l'ignorance ou de l'erreur, et quelquefois des jeux cruels de l'aveugle fortune? Pourquoi faut-il surtout que j'aie à m'occuper de ce nouveau genre de fraude, que la mauvaise foi a inventé pour dépouiller le négociant confiant et probe? Jamais la tâche que je me suis imposée ne m'en parut plus pénible à remplir; je le dois cependant, et la corruption du siècle m'impose la loi de m'arrêter sur ces spéculations frauduleuses, au moyen desquelles la cupidité s'enrichit aux dépens de l'honneur.

La raison et l'équité ont en vain distingué la faillite de la banqueroute, et le malheur du crime; l'opinion, plus puissante que l'équité, a toujours paru les confondre, et surtout de nos jours, où l'on a enveloppé dans la même proscription l'homme qui ne fut que malheureux, avec celui qui fut coupable. Mais cette opinion elle-même ne paraît avoir prévalu, que parce que l'expérience semble avoir démontré que les faillites n'ont diminué, que pour voir les banqueroutes se multiplier (1).

Je n'ignore pas que le misérable qui fonde ses profits sur la ruine de ceux dont il trahit la confiance, prend le titre modeste d'homme malheureux, pour se rendre intéressant aux yeux mêmes de ceux qu'il dépouille; mais je sais aussi que l'homme

____

(1) Il est, je pense, inutile d'annoncer que je n'emploierai le mot de faillite que pour désigner le malheur ou tout au plus l'imprudence, mais que celui de banqueroute emporte toujours celui de fraude.

infortuné que des pertes successives viennent d'entraîner, est signalé par le nom
flétrissant de banqueroutier, de la part de
tous ceux qui perdent avec lui.

Si la faillite peut et doit être la suite d'un
malheur, la banqueroute est toujours le
synonime de la fraude. L'opinion qui les
confond est donc d'autant plus humiliante,
qu'une distance immense doit séparer le
failli du banqueroutier; les tribunaux eux-
mêmes, dans l'application et l'exécution
des lois, ne marquent point assez les nuances
qui les distinguent; ils livrent également
à la mauvaise humeur des créanciers, et
l'homme que les malheurs ont ruiné, et
celui que ses larcins enrichissent. Des lois
trop sévères frappent le failli; des lois trop
douces pèsent sur le banqueroutier; et dans
leur application, le fripon parvient à éluder la rigueur de celles destinées à le punir, tandis que celui que son malheur devrait peut-être rendre plus intéressant, sup-
porte tout le poids de celles qui lui sont
rigoureusement appliquées. L'intérêt et le
caprice président aux dispositions des créanciers, qui peuvent à leur gré accorder la

faveur d'un concordat au banqueroutier,
et le refuser au failli.

Il ne me sera pas difficile de prouver
que le banqueroutier a toujours plus de
moyens que le failli, pour obtenir de ses
créanciers une composition avantageuse;
car il est maître de leur sort, plus qu'ils ne
le sont du sien. En effet, comparons leur
position et leur conduite respective.

Le négociant, que le malheur et des
pertes majeures constituent en état de faillite, éprouve le coup le plus terrible dont
un homme d'honneur puisse être atteint.
Mais, opposant sa propre estime à l'opinion
qui paraît s'élever contre lui, ne cessant
pas d'être probe, parce qu'il est malheureux, il se livre entièrement à la disposition de ses créanciers; il dresse avec fidélité son bilan, et d'après les données positives qu'il en tire, la somme qu'il offre
d'abord est le *maximum* de celle qu'il
peut offrir; il ne peut pas l'augmenter encore, parce qu'il se dépouille de tout et
qu'il donne tout ce qu'il a.

Au lieu que le banqueroutier commence
par faire sa part, et par composer à son

gré un bilan chimérique qui le rend maître des conditions. Comme ses livres sont la pièce illusoire sur laquelle on doit le juger, il n'est malheureusement pas sans exemple qu'il n'ait pu employer 8 jours, 15 jours et même un mois avant la remise, à les altérer, à les changer, à en composer même de nouveaux, pour les faire concorder avec le bilan frauduleux qu'il doit remettre, après en avoir défalqué les sommes qu'il veut soustraire, et celles qu'il peut espérer encore de la coupable collusion de propres agens qu'il fait figurer comme créanciers. Dès-lors il offre ce qu'il veut; il détermine lui-même le mode et l'époque des paiemens qu'il consent à faire. Si ses premières offres ne satisfont pas des créanciers trop exigeans, à son gré, il sait les augmenter avec art, bien sûr d'en éluder le paiement, s'il peut parvenir à leur faire entendre raison : il les calme par des promesses plus élevées; il les appaise en offrant de payer comptant ou à court terme : et la diminution progressive des pertes que chacun des créanciers doit avoir à supporter, finit par les disposer à un accord facile, et à leur faire signer, sans murmure, un concordat que souvent ne peut obtenir le failli de bonne foi, qui, dès le premier jour, a tout offert, tout donné.

Pour parvenir à leur but, les banqueroutiers se font aider des conseils et des secours de cette classe d'hommes dont on ne peut trop se méfier, et qu'on nomme gens d'affaires. La plupart sont appelés en partage des sommes que le débiteur frauduleux parvient à soustraire. Ces complaisans proxénètes se rendent les instrumens des larcins. Ils s'emparent des affaires de la masse ; ils composent avec elle aux conditions les plus onéreuses ; ils ne craignent pas de faire proposer 20 pour 0/0 à celui qui pourrait en offrir 50 ; et quand leur détestable mission est remplie, ils se font payer au poids de l'or de l'indigne larcin qu'ils ont autorisé, si même ils n'en ont pas été les premiers auteurs, en s'emparant de la faiblesse d'un débiteur qui peut-être n'eût pas pensé à ce funeste moyen de spoliation, sans leur perfide secours.

Ce détestable manège n'est que trop commun de nos jours, si l'on fait attention que ce que le négociant redoute le plus, c'est un procès. Si les créanciers résistent aux propositions de l'entremetteur intrigant, adroit et fertile en expédiens, il les alarme sur leur intérêt, sur les lenteurs et les suites d'une discussion qui absorbera les fonds les plus liquides de la masse ; et presque toujours, à force d'intrigues et de mensonges, il obtient de leur complaisance, il arrache à leurs craintes la sanction d'un concordat lésif, que des créanciers postiches signent les premiers, et qui soustrait le coupable à la rigueur des lois.

Cet accord frauduleux signé, le lâche coquin reparaît deux jours après, et du haut de son char doré, il éclabousse le modeste piéton qu'il a dépouillé ; il insulte impunément à la crédulité des familles qu'il a ruinées ; il commence de nouvelles affaires, et qui pis est, il obtient un nouveau crédit jusqu'au moment favorable où il lui conviendra d'organiser une seconde et peut-être une troisième banqueroute qu'il arrangera tout aussi facilement que la première.

Sans doute, on ne trouvera pas que j'exagère ; car il est trop vrai que de nos jours une faillite est devenue , pour le négociant de mauvaise foi , une spéculation d'un nouveau genre , et un nouveau moyen de fortune : il est trop vrai que la facilité de se dérober à ses créanciers , et de leur faire la loi, invite l'homme peu délicat à cette détestable manœuvre : il est trop vrai que la crainte d'éprouver de pareilles banqueroutes arrête le riche capitaliste , et l'empêche de hasarder ses fonds qui n'ont plus une garantie suffisante dans la foi suspecte de son emprunteur , ou du commerçant avec lequel il s'engage.

Si l'on veut rendre au commerce le crédit dont il ne peut se passer , si on aspire à ranimer son activité , le moment est enfin venu non-seulement de remettre en vigueur toutes les anciennes lois , mais encore d'en établir de plus sévères pour. réprimer l'odieux brigandage auquel les banqueroutes donnent trop souvent lieu ; il est tems de ne plus composer lâchement avec les coupables que la certitude de l'impunité rassure et encourage ; il est tems enfin qu'une rigueur nécessaire leur apprenne que les jours de l'iniquité sont passés pour jamais.

Eh quoi! l'on flétrit d'une peine méritée le fripon qui s'introduit dans une maison, pour y commettre un larcin; l'on punit d'un supplice public le voleur qui arrête un voyageur sur la grande route; et tout banqueroutier reste impuni! Eh! de quel œil le considère-t-on, si on ne le juge pas aussi coupable? Quelle est donc la différence qu'on établit entr'eux? Quelle est la nuance qui les sépare? Ne doit-on pas reconnaître que s'il est une distinction à faire entr'eux, elle est toute à l'avantage du voleur de grand chemin? Le misérable qui ose se vouer à ce métier hasardeux, a besoin d'une sorte d'énergie qui lui fait braver les dangers auxquels il s'expose: s'il a toute la bassesse du crime, il a du moins encore le courage de l'audace. S'il attaque un voyageur, il s'expose lui-même; s'il parvient à le dépouiller, il a du moins couru les risques d'un combat; l'or qu'il lui arrache est le prix d'un danger; et s'il est pris, il connaît le sort qui l'attend.

Au lieu que le banqueroutier, bien plus coupable, parce qu'il trahit plus de devoirs, prépare avec sécurité les plans téné-

breux qui doivent l'enrichir ; il consomme
sans dangers les vols qu'il s'est promis de
commettre ; il prend, pour assurer le succès de ses manœuvres, l'attitude intéressante du malheur et de la bonne foi, afin
de mieux dépouiller ses victimes ; il consomme son affreux système de spoliation ;
et deux jours après, la richesse, et qui plus
est les jouissances et la considération qui
l'accompagnent, deviennent le prix de son
impudence. Ainsi, l'inconséquence de l'opinion établit des noms différens pour des délits semblables : que dis-je ! les lois elles-
mêmes impuissantes ou inégales dans l'application de leurs peines, semblent prouver qu'il ne faut souvent qu'agraver le
crime , pour échapper au châtiment.

S'il est donc vrai que le banqueroutier
soit à la fois l'être le plus immoral et le
plus dangereux de la société, on ne peut
le flétrir par des peines trop sévères. Dans
l'état des mœurs de l'Europe, la fraude et
la mauvaise foi ont fait des progrès si rapides, que des lois répressives sont devenues indispensables, quand la probité des
individus ne suffit plus pour rassurer la

société. Mais, plus on augmentera la rigueur des lois contre les banqueroutiers, plus il est indispensable de soustraire à leur action les débiteurs faillis, dont les malheurs ont précipité la ruine.

L'homme à qui l'on ne peut reprocher que son malheur, ne peut déchoir ni dans sa propre estime, ni dans celle de ses concitoyens; il acquiert de plus sur eux les droits sacrés de l'infortune. Si son honneur n'est point flétri, son malheur n'est point irréparable; et l'état n'aura point à renoncer à l'utilité qu'il peut espérer de ses efforts pour tout réparer et restituer ce qu'il a fait perdre. Gardez-vous de décourager son âme, de le forcer à se replier sur lui-même, et de finir peut-être par le condamner à l'impuissance de rien réparer.

C'est en Angleterre qu'on sait faire une utile distinction entre le failli et le banqueroutier; on y a formé des établissemens publics, monumens honorables d'une philantropie éclairée, en faveur des familles et des enfans des négocians que des pertes cruelles forcèrent à remettre leur bilan. C'est ainsi qu'il est beau de secourir, d'alléger

léger le malheur, et de ne pas abandonner ceux que la fortune abandonne.

Par nos lois, le débiteur failli voit suspendre tous ses droits politiques; il ne peut devenir homme public, jusqu'après sa réhabilitation. Imprudent ou malheureux, n'importe, cette disposition est sage et conservatrice. C'est une fiction de la loi, qui suppose avec quelque raison, que celui qui n'a pas su administrer ses affaires ne saurait pas mieux régir celles de l'état; et elle ne doit pas lui permettrre de s'y immiscer. Mais cette mesure doit être considérée comme une précaution qu'elle prend, et non comme une peine qu'elle inflige. En suspendant l'exercice de ses droits politiques, on ne peut lui conserver avec trop de soin celui de tous ses droits civils: il en a d'autant plus besoin, qu'il lui faut de plus grands efforts pour se mettre un jour en mesure de restituer ce qu'il a fait perdre.

Si même son imprudence où son malheur pouvait mériter une peine, dans l'état de nos mœurs, en est-il une plus cruelle pour un homme qui n'a pas renoncé à tout principe d'honneur, que celle de se voir confondu et rejeté par l'opinion dans la classe des banqueroutiers? Oh! combien doit être pénible la situation du négociant qui est exposé à cette fatale méprise! Combien il doit être humilié des jugemens qui l'associent à la honte de l'être immoral qui fit de sa banqueroute un moyen de fortune!

Il est donc aussi juste que moral de séparer, par un intervalle immense, le banqueroutier du failli. Quand l'un excite toute la rigueur des lois, l'autre appelle cette juste commisération qu'on doit à l'infortune; il demande même des lois protectrices qui, dans telle circonstance donnée, puissent le mettre à l'abri de la mauvaise humeur d'un créancier perdant, lequel peut, quelquefois, sacrifier la justice à son ressentiment. Cette disposition est d'autant plus nécessaire, que tandis que le banqueroutier se réserve les moyens d'imposer la loi à ses créanciers, le failli ne sait que se mettre entièrement à leur merci, en donnant tout dès le premier jour : elle est d'autant plus indispensable, que l'on voudra bien ne pas perdre de vue que la banqueroute d'un seul frippon peut entraîner la faillite de dix négocians honnêtes.

Mais le premier effet des faillites, comme des banqueroutes, est de donner lieu à la contrainte par corps. Il devient indispensable de déterminer l'usage de ce droit rigoureux.

Si l'on ne s'écartait jamais des vrais principes de l'économie sociale, on reconnaîtrait que la contrainte par corps pour dettes, devrait être étrangère à une législation bien entendue; et j'ose même dire, à plus forte raison dans le commerce, hors le cas de fraude.

Ce langage pourra étonner, mais il me semble qu'il est conforme aux vrais principes du commerce. L'on dira, sans doute, que la contrainte par corps n'a été admise, en matière commerciale, que pour opposer un frein à la mauvaise foi; que le commerce ne reposant que sur le crédit et la confiance, la facilité d'en abuser et de se soustraire à des engagemens sacrés, commande des mesures promptes et sévères qui puissent rassurer l'une et l'autre; enfin que la bonne foi devant être le caractère distinctif de tout négociant, on ne peut réprimer avec trop de rigueur, ceux qui seraient tentés d'en enfreindre les lois.

Tout cela est vrai, sans détruire le principe que j'invoque. Convenons d'abord que tout négociant, qui suspend ses paiemens, se constitue, par le fait, en état de faillite, et donne lieu contre lui à l'action de la contrainte. Pour en démontrer l'abus ou la nécessité, établissons le dilemme suivant : ou le négociant failli est de bonne foi, ou il ne l'est pas; il est malheureux ou coupable; sa faillite est le produit de la nécessité et de l'impossibilité de faire face à ses engagemens, ou elle est l'ouvrage de la fraude.

Dans le premier cas, la contrainte n'est ni juste ni politique; on ne peut pas punir le malheur : dans le second cas, la contrainte est utile; elle est même nécessaire, car c'est alors un délit qu'on réprime. Développons les conséquences qui découlent de cette distinction. La loi ne s'explique pas; mais la contrainte, dans aucun cas, ne peut être considérée que comme la punition de la mauvaise foi, que comme la peine de la fraude; et j'ose croire que l'on se tromperait beaucoup si on la présentait simplement comme une précaution pour assurer le recouvrement d'une créance légitimement due. Je sais qu'on envisage la contrainte sous un autre aspect; c'est précisément parce qu'on n'en a point assez déterminé les limites qu'on en généralise trop l'action.

Dans l'état de nos mœurs, la fraude et la mauvaise foi ont fait des progrès si rapides, qu'une prévoyance conservatrice a dû multiplier les peines en proportion des délits, et opposer à la déloyauté un frein d'autant plus nécessaire que la société n'avait plus une garantie suffisante dans la moralité des individus. Or, le commerce exigeant plus que toute autre profession la garantie de la bonne foi, la contrainte par corps, qu'on a établie en sa faveur, n'a pu être dans l'intention de la loi que la peine destinée à punir l'infidélité. De quelque manière qu'on l'envisage, la prison est une peine; et, dans aucun cas, le malheur ne peut donner lieu à l'application qu'on en fait.

Lorsqu'on a rétabli la contrainte, on n'a pas assez distingué les cas où il était permis et peut-être nécessaire de l'appliquer. Qu'on y soumette le banqueroutier, la morale et la justice le sollicitent également. Qu'on l'exécute contre ces hommes tarés qui, sans moyens d'existence, signent des lettres-de-change pour tromper la bonne foi de leurs créanciers, à la poursuite desquels ils n'auraient que trop de moyens de se soustraire sans la contrainte qu'il peut exercer contre eux ; dans ces deux cas, elle est légitime et nécessaire, parce qu'elle prévient ou punit le délit, et que la fraude seule y donne lieu. Alors le créancier peut user, avec équité, de la rigueur de la loi qui punit le débiteur : il est juste que celui qui fut victime de la mauvaise foi profite des avantages que la loi lui assure pour obtenir la restitution de sa dette, et que celui qui voulut le tromper ne dépende que de lui.

Hors de ces deux cas, la contrainte par corps, contre un débiteur failli, est injuste, cruelle et impolitique. Elle est injuste, car, si la liberté est le premier des biens, on conviendra que la privation de ce droit inaliénable est la perte la plus cruelle; et ce n'est pas dans le tems même où les principes viennent d'en être consacrés d'une manière solemnelle , que l'on mettra en problème la question de savoir si une somme d'argent quelconque peut valoir la liberté d'un citoyen.

Elle est cruelle à l'égard du débiteur failli, puisque la contrainte ajoute alors à la rigueur du sort la rigueur de la loi ; puisqu'au malheur qui l'accable, elle joint une peine que la loi ne doit jamais appliquer qu'au délit ; et que de quelque manière qu'on veuille en juger, l'infortune n'est pas un crime.

Enfin , elle est impolitique , puisqu'elle manque le but pour lequel elle fut précisément établie , et qu'elle trahit l'intérêt de la société.

Quel est l'effet que le créancier peut se promettre de la contrainte dont il use envers son débiteur ? c'est sans doute le paiement de sa dette. Cette mesure est peut-être la seule praticable contre le banqueroutier qui l'a trompé par la soustraction de ses trésors. Mettant alors aux prises l'avarice avec la liberté, il doit raisonnablement espérer que le desir de s'affranchir des fers, portera le débiteur frauduleux à s'acquitter. Mais que produira sa rigueur contre un débiteur insolvable ? peut-il réellement espérer que le malheureux qu'il retient en prison gagnera dans les fers de quoi se libérer ? Il semble que le moyen le plus favorable pour son intérêt, c'est de laisser le débiteur se mettre à même de payer un jour ses dettes, par l'utile emploi qu'il peut se promettre de ses travaux et de son industrie.

Sous le rapport de l'intérêt social, de quel droit s'arroge-t-il le pouvoir d'enlever un citoyen à sa patrie ? de quel droit prive-t-il l'état du secours des bras et des travaux d'un homme, qui, pour être malheureux, peut ne pas cesser d'être utile ? La loi elle-même peut-elle permettre que l'intérêt, le caprice, et peut-être la haine, disposent à leur gré de la liberté d'un citoyen dont elle a promis de garantir les droits, et qu'elle ne doit ni perdre de vue, ni cesser de protéger, jusqu'au moment où il s'en rend indigne ?

Concluons donc qu'une distance infinie doit séparer le failli du banqueroutier, que la loi doit autant d'indulgence et de commisération au premier, qu'elle doit de sévérité et de rigueur au dernier; qu'elle doit veiller sur l'un pour le protéger encore, et sur l'autre pour le punir. Concluons enfin que la contrainte par corps étant une peine réelle, on ne doit l'appliquer qu'au délit; que si le banqueroutier ne peut en aucun tems se soustraire à sa rigueur nécessaire, il est souvent trop cruel de l'étendre jusqu'à celui auquel on ne peut reprocher que ses malheurs.

Il reste donc à examiner quand et comment on peut employer l'action de la contrainte relativement à l'intérêt général et particulier : c'est ce que nous tâcherons de développer dans la section suivante.

SECTION II.

Des précautions de la loi pour prévenir les banqueroutes ou pour les distinguer des faillites.

NOUS avons établi en principe que le malheur ne doit jamais flétrir ; mais comment parvenir à distinguer la banqueroute de la faillite ? comment s'assurer que le débiteur de mauvaise foi ne saura pas éluder la rigueur de la loi, pour profiter de l'indulgence qu'elle doit au débiteur malheureux ?

Deux moyens peuvent, ce me semble, remplir cet objet salutaire, rassurer le commerce, et prévenir la fraude.

L'ordonnance de 1673 les avait indiqués ; mais elle n'avait pas assez déterminé leur action, et l'usage a détruit depuis long-tems des dispositions qui n'auraient pas dû cesser d'être obligatoires.

Elle ordonne que les livres d'un négociant soient parafés et signés par un des consuls; elle exige de plus que les commerçans soient soumis à faire tous les deux ans un inventaire.

Il y a, sans doute, peu d'additions à faire à ce texte, pour en rendre de nos jours l'application utile.

Dans le commerce, les livres d'un négociant deviennent en quelque sorte une loi écrite, sur laquelle il veut qu'on le juge; ils sont la preuve de ses talens et de sa probité; et dans les discussions ils sont la conscience du juge, qui ne peut s'éclairer que par eux.

On ne peut donc trop les entourer de précautions conservatrices propres à sanctionner la solemnité que la loi leur donne. On doit même les soumettre à des formes préparatoires, qui deviennent la sauvegarde de la bonne foi.

Les banqueroutes ne se multiplient que par la funeste facilité que les fripons obtiennent de les préparer de longue-main, car leurs livres font foi, et ils peuvent les altérer, les changer à leur gré.

Pour prévenir ce danger, « on pourrait, » dit *Scerione*, établir dans chaque ville

» où il y a des négocians, un bureau, qui,
» sous l'autorité publique, aurait seul le
» privilège de leur vendre et de distribuer
» leur livre-journal en papier timbré, nu-
» méroté et parafé, à un prix réglé par
» un tarif public, qui n'excéderait que de
» peu de chose le prix courant de ces sortes
» de livres.

» L'officier commis à cette distribution
» serait tenu de clore les livres remplis qui
» lui seraient représentés, avant d'en dé-
» livrer un nouveau, sans cependant en
» voir le contenu. La clôture devant se
» faire par une simple signature, avec ces
» mots, *clos le etc*, en sorte que l'état des
» affaires des négocians serait toujours
» constaté d'une manière invariable.

» Pour prévenir toute fraude, les né-
» gocians seraient tenus de prendre tous
» les ans de nouveaux registres, lesquels
» seraient aussi d'un timbre nouveau.

» L'exécution de cette loi ne pourrait
» être assurée que par une disposition qui
» porterait : *à peine contre les négocians*
» *et marchands qui ne tiendraient pas*
» *leur livre - journal dans cette forme*,

» *d'être privés du privilége de voir leurs*
» *livres faire foi en justice , et de faire*
» *réputer leur faillite de mauvaise foi.* »

Telle est la première des dispositions conservatrices que l'on pourrait mettre en vigueur. Elle est conforme au texte de l'ordonnance de 1673; et l'extension qu'elle lui donne est un supplément d'autant plus nécessaire de nos jours, que les négocians sont plus multipliés et que les banqueroutes sont plus fréquentes.

Des livres ainsi garantis rendraient bientôt au commerce la confiance dont il a besoin; la fraude deviendrait d'autant plus rare, qu'elle serait plus difficile, et qu'il serait plus aisé de la reconnaître.

Mais *Scerione* n'a pas tout prévu , et nous en sommes aujourd'hui parvenus au point où l'excès des précautions suffit à peine pour rassurer.

Il oblige les négocians à prendre tous les ans de nouveaux registres frappés d'un nouveau timbre. Cette précaution, peut-être un peu rigoureuse, peut léser le négociant, sans prévenir l'abus possible.

Tel fripon qui voudra malverser et préparer de longue-main une banqueroute, le pourra, malgré la loi qui l'assujettit au timbre. Les agens chargés de la délivrance des registres ne pourront, en aucun cas, lui refuser le nombre de cahiers ou de feuilles qui lui seront demandés ; et il aura le droit abusif d'en exiger le double et le triple de ce que le besoin ordinaire de son commerce lui demande. Ainsi, libre dans ses plans, et même à l'abri de la loi, il préparera clandestinement de doubles registres qui porteront l'empreinte légale, et derrière laquelle il saura se retrancher avec avantage ; car, en aucun cas, l'officier public ne doit pouvoir réduire le nombre de cahiers exigés.

Pour prévenir ce danger, il est un mode aussi simple que facile. Le receveur, en délivrant à un négociant quelconque le nombre de cahiers ou de feuilles qu'il réclame, peut être assujetti à dresser sur la première feuille du nouveau registre, un bordereau détaillé du nombre exact de cahiers et de feuilles qu'il délivre, signé par lui, et frappé d'un timbre particulier. Au bout d'un certain tems, lorsque le négociant ayant employé ces cahiers, se re-

présentera pour obtenir un nouveau registre, il sera soumis à représenter l'ancien,
portant en tête le bordereau de délivrance,
lequel sera exactement vérifié par l'officier,
qui s'assurera par lui-même qu'aucun ca-
hier ou feuille n'en ont été distraits, et
que tous ont été employés.

Si ce bordereau n'est pas représenté ; si
même, en le représentant, le nombre des
cahiers n'est pas reconnu exact, non-seulement il ne sera point délivré de nouveau
registre, mais même les livres de ce négociant ne seront point reçus en justice,
et sa faillite, le cas arrivant, sera réputée
frauduleuse.

Tel est le moyen qui sous ce premier
rapport peut rassurer la société et le commerce sur les livres des négocians, et leur
faire accorder sans crainte, en justice, la
confiance si nécessaire dans toutes les transactions où la bonne foi seule préside.

Passons au second moyen que l'ordonnance de 1673 exige. Elle veut que les négocians soient tenus de faire tous les deux
ans un inventaire. Cette mesure est-elle
suffisante? je ne le pense pas. Deux ans sont

un laps de tems beaucoup trop long pour rassurer contre les dangers des spéculations fausses ou hazardeuses, qui peuvent en moins d'un an préparer et consommer la ruine d'un négociant, auquel on n'aurait même à reprocher que de l'imprudence.

La ville de Marseille a été pendant très-longtems distinguée par sa bonne foi commerciale. Dans aucune place on ne porta plus loin que chez elle cette confiante facilité qui fait le plus bel éloge de ses négocians ; si depuis on a vu dans son enceinte altérer quelquefois cette loyauté commerciale, c'est à quelques vils étrangers qu'on doit en adresser le juste reproche. Pour prévenir des fraudes malheureusement trop possibles, plusieurs négocians marseillais proposèrent de déclarer frauduleuse la faillite de tout commerçant dont les livres ne présenteraient pas exactement chaque année un état de situation. Cette utile disposition n'eut pas lieu, j'ignore quels sont les motifs qui en empêchèrent l'adoption ; mais enfin l'urgence s'en fait plus vivement sentir tous les jours.

La loi pourrait donc assujettir tous les commerçans

commerçans à dresser leur bilan au moins une fois par année, et déclarer frauduleuse la faillite de ceux qui se seraient soustraits à cette obligation.

Cette disposition peut à bon droit être jugée indispensable. Toute maison de commerce qui opère avec sagesse et avec loyauté , attend rarement ce délai pour connaître sa situation , et en dresser le bilan deux fois par année.

Un bilan annuel peut contribuer à garantir la loyauté du négociant; car sa situation lui étant toujours présente, il a toujours des données positives sur ses moyens de faire face à ses opérations. Celui qui néglige cette formalité n'a plus de base fixe ; il court à chaque instant le risque de se tromper sur ses ressources ; il peut être encore de bonne foi, et cependant exposer depuis longtems la fortune de ses créanciers en s'aveuglant lui-même sur la sienne.

Le commerçant qui enfin d'année trouve une balance désavantageuse, ne peut plus se faire illusion à lui-même; si son passif surpasse son actif, le crédit dont il joui encore, il ne peut plus en faire usage que par un abus criminel ; il faut forcément qu'il s'arrête ; s'il continue , ses opérations clandestines n'ont plus de garantie : elles ne reposent plus que sur un crédit qu'il ne peut plus justifier ; il dispose du bien d'autrui , et il devient coupable. Il l'est d'autant plus , qu'il trahit la confiance de ceux qui n'ont jamais eu et ne peuvent avoir d'autre gage que sa probité et la fortune qu'ils lui supposent encore , quand elle a disparu. Tout acte postérieur qu'il peut se permettre est un larcin , puisqu'il expose à la fois la fortune de ceux qui étaient déja ses créanciers , et celle des hommes confians auxquels il va faire partager ses incertitudes et ses éventualites , sur lesquelles il se repose presque toujours en vain.

Or , l'effet naturel d'un bilan annuel étant de forcer le négociant à connaître toujours l'état de ses affaires , et de l'obliger à s'arrêter à l'instant où il est en perte, il ne peut plus ni se faire illusion à lui-même, ni tromper les autres ; et tout débiteur failli serait, par le fait, constitué en état de banqueroute, s'il ne s'était pas soumis à cette formalité, que l'intérêt du commerce réclame, et qui peut devenir aujourd'hui sa première garantie.

On veut rétablir le commerce, et cependant on n'a rien fait encore pour rappeler la confiance qui en est l'âme. A quel titre exigera-t-on qu'un capitaliste confie ses fonds, qu'un homme riche accorde sa confiance, qu'un négociant ouvre un crédit, lorsque, d'un moment à l'autre, ils peuvent tous également être payés par une banqueroute, contre laquelle des lois impuissantes ne peuvent rien ?

Le négociant, dit-on, est généralement trop soupçonneux : eh ! le moyen qu'il ne le soit pas, après les funestes leçons qu'il a reçues, après les spoliations dont on l'a rendu la victime ! De vaines promesses ne lui suffisent plus ; il lui faut désormais des faits pour le rassurer. Il est devenu soupçonneux, sans doute, mais il l'est devenu malgré lui ; il l'est à son corps défendant ; car le commerce est naturellement confiant, par instinct, par intérêt et même par nécessité. S'il s'arme d'une méfiance nuisible à ses développemens, elle est le fruit tardif d'une funeste expérience.

Il faut donc rappeler la bonne foi, et, à son défaut, il faut s'entourer de toutes les précautions qui peuvent rassurer le commerce contre le danger de la fraude ; il faut, autant qu'il se pourra, la rendre ou impossible, ou dangereuse pour ses auteurs.

Quand l'homme d'une probité équivoque verra qu'il aura besoin d'accumuler précautions sur précautions, fraude sur fraude, et qu'au bout du compte il pourra encore être découvert et puni il oubliera ces pratiques détestables, sur lesquelles il ne fonde peut-être des profits illicites que par la funeste facilité qu'il trouve à les exécuter par l'impunité qui en est le prix ordinaire. Voyant que non-seulement il court plus de risques, mais même qu'il lui est plus difficile d'être fripon qu'honnête homme, il reviendra à la probité, par devoir, par intérêt, et même par calcul. Alors la bonne foi rassurée contre les pièges nombreux dont elle est encore environnée, rassurée par les précautions de la loi, rassurée enfin

par les entraves dont on entourera la perfidie et la fraude, on n'aura pas longtems
à se plaindre ; la loyauté reparaîtra dans
toutes les transactions ; la confiance et le
crédit marcheront à sa suite ; et les négocians respectables qui honorent le commerce, pourront de nouveau s'honorer à
leur tour de la noblesse de leur profession.

Pour atteindre à ce but, que faut-il ?
Des livres parafés et un bilan annuel. Le
commerce applaudira à ces dispositions
salutaires, qui peuvent s'établir sans gêne,
sans danger : et bientôt on verra d'autant
moins de faillites, qu'on peut être assuré
qu'il y aura moins de ces banqueroutes
honteuses, qui le plus souvent entraînent
la ruine des négocians, qui n'eurent d'autre
tort que d'être trop confians et de croire
à la probité.

Des livres vérifiés à des époques fixes,
et toujours bien tenus, rassureront même
d'autant plus, que dans le cas possible
d'une gêne, d'un embarras momentané
éprouvé par un négociant, ses amis pourront à l'instant connaître sa situation,
l'aider de leurs efforts, le soutenir de leur

crédit, et prévenir son désastre sans augmenter leurs propres risques.

Mais ces deux mesures en sollicitent encore une troisième, peut-être la plus nécessaire de toutes, pour prévenir la fraude. On sait assez que l'homme que sa conscience et les lois de son pays ne retiennent point, n'a plus de frein qui l'arrête dans sa cupidité et dans les moyens de l'assouvir. On dira, sans doute, et l'on dira avec raison : toutes ces précautions peuvent devenir impuissantes contre l'homme qui médite une banqueroute; foulant à ses pieds tout sentiment d'honneur, il préparera dans les ténèbres ses odieux larcins, et sa fuite l'aura déja soustrait avec sa fortune à la rigueur des lois, lorsque sa banqueroute sera connue.

Cet inconvénient est grave, et je ne connais qu'un seul moyen possible de le prévenir. Il est digne à tous égards de la loyauté des gouvernemens et du respect qu'ils se doivent à eux-mêmes.

Un banqueroutier ne devrait trouver ni protection ni refuge dans aucun état policé. Eh! pourquoi le gouvernement français ne prendrait-il pas l'initiative, par une disposition aussi salutaire ? Pourquoi n'en donnerait-il pas l'exemple aux autres ? Tout ce qui est juste, tout ce qui est noble, n'avons-nous pas le droit de l'attendre de lui ? L'acte politique par lequel il s'engagerait envers les autres états, et leur demanderait de ne point accorder d'asîle, et de se rendre respectivement tous les banqueroutiers qui chercheraient à soustraire leurs vols et leurs têtes, en fuyant de leur patrie, cet acte, dis-je, serait un des monumens les plus honorables de l'administration. Ce n'est point dans un traité de commerce qu'on devrait le stipuler ; ce n'est pas davantage dans les traités de paix ou d'alliance ; il devrait être écrit dans la première page du droit public des nations ; l'etat de guerre lui même ne devrait pas pouvoir le faire cesser; car entre les nations qui se respectent, le droit public ne peut s'enfreindre ; la guerre ou la paix n'y font rien.

Je sais qu'un calcul étroit et mesquin en politique fait regarder comme un avantage l'élection de domicile qu'un homme riche fait dans un pays : de quelque source que dérive sa richesse, il augmente les capitaux de l'état auquel il s'associe; mais ce qu'un gouvernement gagne aujourd'hui par l'adoption qu'il fait d'un fripon (car c'est l'adopter que de lui accorder le droit de domicile) il le perdra demain par les représailles auxquelles il donne lieu envers les banqueroutiers de son propre pays, qu'il ne pourra pas réclamer davantage quand ils auront touché à un sol étranger. Ainsi, à tout prendre, la compensation s'établit ; aucun d'eux ne finit par y gagner ; le bénéfice est nul, la honte d'un calcul odieux est certaine ; et en droit public, le droit d'asile devrait fléchir devant celui de *pareatis*.

Ayant ainsi déterminé les mesures propres à consolider la bonne foi et à déjouer la fraude, il reste à fixer quelle serait l'action de la loi et de ses organes, dès l'instant où une faillite serait déclarée.

Les citoyens *Legras* et *Vital-Roux* proposent, l'un, de *donner des curateurs aux faillites*; l'autre, d'*adjoindre aux tribunaux de commerce des commissaires du gouvernement, chargés de la poursuite des faillites, et des teneurs de livres chargés de vérifier les registres des faillis et d'en faire leur rapport au commissaire public et aux créanciers.*

La mesure proposée par le Cit. Legras, tout utile qu'elle puisse être, a bien moins d'avantages que le mode du Cit. Vital-Roux. J'avais, comme lui, l'idée d'un magistrat remplissant, dans les faillites, les fonctions de la partie publique; et il y a très-judicieusement ajouté des teneurs de livres jurés et des vérificateurs; je me range d'autant plus volontiers à son avis, que je le crois plus propre à remplir le but de la loi.

Mais il est un point sur lequel nous différons essentiellement. *Quand un homme, dit-il, a manqué à ses engagemens, la loi doit le considérer comme prévenu de malversation, jusqu'au moment où il est prouvé qu'il n'est que malheureux.* Ce principe me paraît d'autant plus sévère, que son rigorisme franchit les bornes de la loi. J'ose croire au contraire que, jusqu'à ce qu'elle devienne un délit public par la preuve acquise de la fraude, une faillite ne doit encore être considérée que comme un malheur. Et un négociant peut-il en effet éprouver jamais un malheur plus grand que la nécessité de remettre son bilan ? J'ignore les sentimens qu'il éprouve dans ce moment terrible ; mais, s'il n'a pas perdu tout sentiment d'honneur , à coup sûr sa situation ne peut inspirer que la pitié.

Dès le moment de la suspension (mot nouveau qu'un amour-propre pointilleux a fait imaginer de nos jours, pour colorer celui de banqueroute), je voudrais que le débiteur fût obligé de la dénoncer au tribunal de commerce , ou au commissaire du gouvernement, que ses livres , en tel état qu'ils se trouvassent, fussent remis à ce dernier, au plus tard dans les vingt-quatre heures suivantes , qu'il n'appartînt plus au failli de convoquer à son gré la masse des créanciers, et que l'officier public fût seul chargé de ce devoir.

Le commissaire du gouvernement serait dès-lors le premier juge des opérations du débiteur failli ; sa fonction et celle des teneurs de livres, ses assesseurs , serait d'examiner s'il y a fraude et dol. Mais , en attendant que la preuve de l'infidélité fût acquise, le failli ne serait pas même présumé coupable. Si une vérification sévère ne prouvait rien que le malheur, tout en respectant les droits civils des créanciers, l'homme public deviendrait son protecteur; il le défendrait contre le dangereux abus de la contrainte. Il pourrait en arrêter l'action dans tous les cas où la conduite et les malheurs imprévus du failli prouveraient en sa faveur, qu'il n'a pas dû perdre la protection que la loi et ses ministres doivent à tout citoyen. Si le cas était de nature à le mériter, il se rendrait son défenseur légal dans la poursuite des lettres de répit, dont il serait même possible de rétablir l'usage, sans qu'en aucun cas les tribunaux les pussent accorder autrement que sur le vû des pièces, et contradictoirement avec la masse.

Les cas de rigueur sont infiniment rares, je le sais, et les créanciers ne se montrent jamais difficiles quand ils ont sous les yeux la preuve du malheur et de la bonne-foi: mais le témoignage de la partie publique serait encore une consolation pour l'homme malheureux, qui, sûr de sa conscience, a souvent besoin que la loi ou ses organes le rassurent pour oser lever la tète sans rougir.

Tous les arrangemens se faisant sous les yeux des officiers publics, on n'aurait plus rien à redouter de ces agens captieux, qui s'emparent des faillites, et dont quelques-uns imposent audacieusement la loi aux créanciers, après avoir commencé par séduire leurs trop faibles cliens. Les précautions prises ne laisseraient plus les créanciers à la merci du débiteur ; les concordats ne seraient plus le produit de la fraude, ou de la collusion d'une part, ni de la bonne foi trompée de l'autre ; les remises seraient déterminées sur un bilan positif, quant à l'exactitude des livres, et du moins sur un bilan problable, quant aux recouvremens éventuels.

Si l'on adoptait la mesure que j'ai proposée dans le chap. IV, et que l'on enlevât aux syndics et caissiers de la masse la faculté de jouir provisoirement du produit des ventes faites et des créances recouvrées, les discussions ne seraient plus interminables.

Mais, si la fraude était prouvée, soit par la vérification des livres, soit par le défaut d'avoir rempli les obligations imposées par la loi, le commissaire du gouvernement, premier vengeur de la bonne foi trahie, ne serait plus le simple inspecteur des opérations du banqueroutier , et moins encore son refuge; il deviendrait sa partie et son accusateur. Les accords, les attermoiemens, les remises convenues n'affaibliraient point son action légale. Les créanciers pourraient à leur gré signer un concordat quelconque; ils pourraient faire, avec le débiteur, tous les arrangemens , tous les sacrifices utiles ou nécessaires à leur intérêt; ils seraient libres sans doute; mais leur concordat ne pourrait absoudre le banqueroutier de la peine de la fraude ; mais un contrat arraché à la faiblesse, à la complaisance, et quelquefois à l'égoïsme , ne suffirait plus pour lui assurer l'impunité. Dégagé envers ses créanciers, il serait encore comptable envers la loi. Il ne pourrait plus se flatter de jouir avec sécurité du fruit de ses rapines; il ne serait plus libre d'obtenir une réhabilitation simulée , et l'application de la peine que la loi aurait fixée, serait indépendante de tous les traités de remise ou d'abandon qu'il aurait pu obtenir. Pour signaler le coupable, le tribunal pourrait refuser de lui rendre ses livres, et cette retenue serait tout à la fois pour lui la preuve du délit et une note d'infamie.

Il ne m'appartient point de déterminer le genre de peine que le banqueroutier peut encourir. Comme la fraude a ses degrés, la loi doit avoir les siens; mais, autant le failli malheureux doit inspirer d'intérèt, autant on doit se montrer inexorable contre le misérable qui se cache dans l'ombre pour accomplir son système d'iniquité.

Si l'on daigne examiner à fond les funestes effets que les banqueroutes produisent, les malheurs qu'elles entraînent, les ruines qu'elles consomment, la confiance qu'elles détruisent, le commerce qu'elles écrasent, on sentira peut-être la nécessité de s'armer d'une juste rigueur, pour prévenir les fripons qui semblent s'en faire un jeu cruel.

Si l'on adopte enfin les mesures que les

circonstances réclament plus impérieusement que jamais, on verra peut-être diminuer ces honteux débordemens que l'impunité encourage; ces vols scandaleux que
les magistrats tolèrent; ces accords clandestins, à l'abri desquels le fripon adroit
jouit impudemment des richesses qu'il a
dérobées. Si une haîne vigoureuse se prononce contre eux, si le mépris public les
signale, si les lois parviennent enfin à les
atteindre, nos regards cesseront d'être bles-
sés du luxe insolent qu'ils étalent dans les
spectacles et dans la société elle-même, où
un insensible égoïsme les reçoit sans pu-
deur, parce qu'ils ont de l'or, et qu'on
dédaigne de connaître la source impure où
ils l'ont puisé.

CHAPITRE XIX.

De la Législation commerciale , des Chambres, des Conseils de commerce, et d'une Chambre de direction du commerce de France.

SECTION PREMIÈRE.

De la Législation commerciale et des Chambres de commerce.

LE commerce a acquis de nos jours une telle importance, qu'on ne doit rien négliger de ce qui peut aider à ses développemens; qu'on doit l'affranchir des entraves qui peuvent comprimer son essor; qu'on doit enfin simplifier tous les rouages qui pourraient en géner ou le jeu ou la marche. Objet assidu des méditations de l'homme d'état, il exige une législation particulière, qui, pour être exclusive , et jusqu'à un certain point indépendante des autres par-

ties

ties de l'administration , se rattache à elles par ses résultats et par les avantages qu'elle offre à tout gouvernement qui sait en déterminer les rapports, en calculer les mouvemens, et en deviner les effets.

Si la bonne foi est le premier besoin du commerce, si la confiance est son premier ressort, les lois qui en punissent la violation doivent avoir un caractère de précaution et de sévérité que ne comporte point la simple législation civile.

La législation commerciale a des formes qui lui sont propres, et la promptitude est leur premier caractère. Les formes ordinaires qui sur toute autre matière sont conservatrices, seraient mortelles pour le commerce, par les longueurs qu'elles entraînent, par le délai qu'elles admettent, et par les moyens qu'elles multiplient sans cesse d'éluder ou d'arrêter l'exécution des engagemens, sur l'exactitude desquels repose presque toujours la sûreté du commerce.

Ses jugemens ont un caractère particulier, dont la rapidité d'exécution forme la seule garantie. Ceux qui les rendent doivent moins appartenir à l'ordre judiciaire qu'au commerce. Le juriste le plus habile est moins propre à prononcer sur tel fait d'avarie ou sur tel point d'infidélité dans les écritures, qu'un assureur ou un teneur de livres. Le premier ne fait qu'appliquer la loi, ce qui est bien plus facile que de démêler l'erreur ou la fraude dans une matière qui exige des connaissances et une expérience, que les derniers peuvent seuls avoir.

Sous l'ancien régime, les jugemens des tribunaux de commerce ressortaient aux cours souveraines, c'était une erreur qui plus d'une fois a dû entraîner les inconvéniens les plus graves : de notre tems, en faisant ressortir les décisions des tribunaux de commerce aux tribunaux d'appel, presque toujours composés de juristes, étrangers au matériel du commerce, on ne s'est pas sauvé du danger de l'ancienne institution. Bien que l'on ait soumis les juges d'appel à expliquer leurs motifs, l'on peut croire que tel tribunal qui, en dernier ressort, infirme le jugement d'un tribunal de commerce, est plus exposé à se tromper dans ses motifs, que le premier tribunal lui-même, si l'on n'oublie pas que celui-ci, ayant une connaissance pratique du commerce, peut avoir fondé sa décision sur des faits qui seront ignorés des juges d'appel, ou qui ne feront pas la même impression sur eux précisément, parce qu'étrangers au commerce ils pourront moins en apprécier l'importance.

Sous le rapport de l'intérêt positif, et si j'ose le dire, du matériel de ses transactions, le commerce exige encore une législation particulière et exclusive. Il a dans ses mouvemens une activité que ne comporte aucune autre partie de l'administration, si j'en excepte les finances, dont il diffère essentiellement. Il a des usages comme des intérêts particuliers, qu'il est essentiel de consulter, en combinant tous les différens effets qui résultent du système de ses exemptions, de ses franchises et des droits auxquels il est soumis, et qui tous exigent des altérations, des modifications et même des changemens, suivant les variations que les circonstances et le tems y apportent.

Il ne m'appartient point de déterminer les cas très-nombreux où les lois de commerce doivent différer des lois purement civiles. Pour en sentir la nécessité, aux écritures, aux précautions , à la solemnité qui accompagnent toujours les contrats des particuliers étrangers au commerce et aux effets qu'entraîne ou leur inexécution ou une exécution tardive, il suffit d'opposer l'importance des transactions commerciales , le danger toujours urgent d'en éluder ou d'en différer l'accomplissement, la simplicité des formes qui les consacrent, la bonne foi qui y préside, et leur exécution qui n'a jamais d'autre garantie qu'un simple engagement verbal, et le concours d'un agent intermédiaire qui, toujours cru en justice , décide seul de la solidité des contrats mercantiles.

A cet égard il y avait jadis des tribunaux spécialement consacrés au commerce qui avaient obtenu des attributions que la sagesse et l'utilité générale avaient prescrites à l'ancien gouvernement. Les juges-consuls de Rouen , de Marseille et autres lieux , avaient jadis le droit de distribuer un certain nombre de commissions de courtiers. Cette attribution leur fut donnée à l'époque

de la suppression des charges de courtiers
en titre d'office. Ces commissions qui n'é-
taient que temporaires, et que les juges-
consuls pouvaient révoquer à volonté, sou-
mettaient à une prestation pécuniaire annuelle les individus qui en étaient investis.

Je ne me permettrai point de critiquer
le nouveau mode adopté pour la nomina-
tion des agens-de-change et courtiers ; cependant j'ose présenter le mode qui existait
à Marseille et à Rouen, comme plus salutaire, plus favorable et plus inhérent à la
bonne foi que le commerce commande, et
à la garantie qu'il exige.

En effet, on n'accordait jamais la commission d'investiture qu'à des individus qui en
étaient réellement dignes. Le tribunal des
juges-consuls n'étant composé que des négocians les plus recommandables, tous ayant
la même connaissance des sujets proposés,
tous ayant le même intérêt à ne nommer
que les plus capables et les plus probes, il
était difficile que l'intérêt privé pût prévaloir et faire préférer le candidat le moins
digne de l'honneur du choix.

L'aspirant une fois nommé, l'obligation

de ne pas dévier de la rectitude des principes, était la même pour lui. Sa commission n'était que temporaire : la juridiction, consulaire premier juge de sa conduite, ne la lui continuait annuellement, qu'autant qu'il ne cessait pas d'en être digne. Elle exerçait sur lui une censure utile, qui l'obligeait en tout tems à la plus scrupuleuse exactitude. Quand par imprudence ou autre cause il avait donné lieu à des contestations commerciales, elle l'admonestait, le blâmait ; et s'il y avait connivence ou fraude dans son entremise, dans sa gestion, elle avait le droit de le suspendre. Dans tous les cas, elle pouvait en fin d'année lui refuser de renouveler sa commission, sans être obligée de rendre compte de ses motifs; mais ces refus étaient toujours fondés sur quelque cause connue d'incapacité ou d'inexactitude, qui faisait regarder un pareil agent comme dangereux pour le commerce. Ainsi la révocation que l'agent-de-change ou le courtier pouvait encourir à chaque instant, était un stimulant toujours actif et seul suffisant pour suppléer même à la bonne foi dont on lui faisait une nécessité. Et certes, si l'on calcule la délicatesse des fonctions du courtier, la sainteté de son ministère, on sera forcé de reconnaître que ce frein salutaire dont on l'a presque dégagé de nos jours, était le garant le plus sûr de sa conduite.

Les tribunaux consulaires étaient alors ce que sont devenus de nos jours les tribunaux de commerce : leurs fonctions étaient d'autant plus nobles, d'autant plus augustes, qu'aucun émolument n'était attribué à ceux qui les remplissaient, et qu'une probité sévère et une longue expérience des affaires étaient les seuls titres d'admission. Il y avait même dans quelques places des usages qu'on pourrait desirer de voir rétablir. A Orléans, entr'autres, il y avait auprès des juges-consuls de jeunes candidats appartenans au commerce et attachés au tribunal. Ces candidats n'avaient point d'autres fonctions que de suivre les affaires et d'assister aux jugemens du tribunal. Quelquefois on leur confiait des rapports à faire ; et les juges prononçaient d'après eux, quand ils en avaient vérifié l'exactitude. On ne pourra disconvenir que cette méthode ne fût un véritable bienfait pour le commerce, et qu'elle n'établît auprès du tribunal une école salutaire, propre à former avec le tems des juges éclairés et dignes des fonctions qu'ils étaient destinés à remplir un jour.

Mais l'importance de la législation commerciale est désormais trop généralement appréciée, pour croire qu'on néglige aucun des avantages qui peuvent lui être jugés nécessaires. Il ne m'appartient point de devancer la sagesse des hommes que le gouvernement a appelés à son secours : et comme le corps législatif va s'occuper bientôt de la discussion du code de commerce, on doit présumer que rien ne sera négligé dans tout ce qui peut l'intéresser, et qu'on réparera même les omissions que le projet de code peut présenter : il est donc inutile d'insister sur des améliorations qui vont ne pas tarder à donner une garantie plus sûre et des effets plus prompts aux transactions commerciales et aux contestations qui en dérivent trop souvent.

Cependant, une législation particulière n'est peut-être pas la seule mesure que l'intérêt du commerce réclame ; il exige également un régime spécial qui le sépare, en quelque, sorte des autres branches de l'administration. S'il lui faut des juges qui lui soient propres, il lui faut aussi des protecteurs naturels, des surveillans attentifs, des agens intelligens et sûrs, qui puissent dans tous les tems faciliter ses transactions, détruire les obstacles qui l'arrêtent, éclairer le gouvernement, et j'ose même dire, diriger sa marche dans les arrêtés et règlemens qu'il croira propres à assurer les succès d'une partie de l'administration , sur laquelle il doit fonder l'espoir de ses plus grands avantages. Or, les chambres de commerce peuvent seules remplir utilement cet objet.

Le nom ne fait rien à la chose ; que cet établissement ait lieu sous le nom de chambres, de conseils ou de bureaux consultatifs de commerce, peu importe, pourvu qu'ils existent et qu'on leur rende les anciennes attributions dont les chambres de commerce étaient investies.

Le commerce a ses exemptions, ses franchises, ses libertés , qu'on ne saurait trop garantir. Mais il subit des variations dans ses mouvemens , des altérations dans sa marche , des modifications dans ses intérêts, suivant les circonstances, les tems et les lieux. Chacune de ces variations, de ces modifications peut s'appliquer à tel genre de commerce, plutôt qu'à tel autre; telle mesure utile au commerce de nos colonies, ne l'est pas à celui du Levant; telle autre favorable au commerce du Nord, peut ne pas l'être à celui des grandes Indes, relativement à la difficulté ou à la facilité de ses mouvemens; telle exemption doit être accordée à une ville , et peut, sans risque , être refusée à une autre; ce qui convient à Bordeaux, peut ne pas convenir à Anvers; les villes manufacturières même peuvent commander pour leur intérêt respectif des mesures ou des dispositions diverses , et quelquefois opposées suivant leur genre de fabrication. De là il résulte que le commerce exige des règlemens particuliers, et souvent même des dispositions locales , suivant les différentes branches qu'il présente à exploiter.

Son administration, dans l'ensemble de

cette foule d'intérêts et de modes particuliers qui la constituent, peut être comparée à un composé de pièces de rapports, qui bien qu'elles soient toutes distinctes, ne se nuisent jamais dans leur jeu ni dans leurs mouvemens, et tournent toutes également autour du pivot unique qui détermine leur marche et règle leur action ; et ce pivot c'est l'intérêt de la balance générale dont tout dérive, et auquel tout doit aboutir.

Or, les chambres de commerce par le but même de leur institution dans nos grandes villes commerçantes, étant les premières à connaître les intérêts et les besoins du commerce, étant les premières à sentir, à apprécier, à juger les effets des variations qu'il éprouve, des dangers, des abus auxquels il est exposé, et des avantages qu'il peut obtenir souvent par la plus légère modification, c'est à elles seules que doit, dans tous les tems, appartenir l'initiative des règlemens à faire, des changemens à apporter dans ses franchises, dans ses droits, dans ses taxes. C'est à elles seules qu'il appartient d'émettre leur vœu et d'éclairer le gouvernement sur les usages et les intérêts particuliers du commerce qu'il ne doit jamais cesser de consulter. Par elles seules, on peut se flatter de régulariser l'action des douanes et les règlemens qui les dirigent, pour empêcher que, dans aucun cas, ils puissent être plus fiscaux que conservateurs. Enfin, par elles seules, on peut se flatter de ne gêner aucun des mouvemens du commerce, de ne pas circonscrire sa liberté : car, en aucun cas, il ne peut être borné à faire simplement ce qui lui est permis, mais se livrer, sans crainte et sans entraves, à tout ce qui ne lui est pas expressément défendu.

Toutes nos villes manufacturières n'ont point et ne peuvent avoir des chambres de commerce. Dès-lors si, dans telle circonstance, quelques articles de leurs fabriques perdent de leur débit accoutumé, si des causes locales, des accidens imprévus en circonscrivent l'exportation, comment le gouvernement pourra-t-il en connaître la cause pour la faire cesser? Les manufacturiers, les inspecteurs locaux, l'éclaireront bien sur le mal positif, sur la défaveur où tombe telle marchandise, sans pouvoir l'instruire eux-mêmes sur les motifs de cette défaveur. Si le gouvernement, ou soit le bureau consultatif général, veut les approfondir, c'est aux conseils, aux chambres de commerce des ports de mer qui procurent le débouché et l'exportation de ces articles qu'il s'adressera ; c'est de la part des commissaires, qu'il aura établis, dans tous les ports francs, qu'il recevra les avis les plus utiles ; c'est par eux qu'il pourra connaître les vices, les inconvéniens de la marchandise, les causes enfin du peu de demandes qui s'en fait dans l'étranger. C'est sur leurs avis, sur leurs observations, qu'il se décidera, soit à rectifier les règlemens propres à telles branches d'industrie pour en rendre la fabrication plus parfaite ; soit à diminuer les droits qui en circonscrivent la consommation dans l'étranger, par le plus bas prix auquel on peut se la procurer dans les autres marchés de l'Europe ; soit enfin à lui accorder des exemptions, et même des primes d'encouragement pour la faire lutter au moins avec parité d'avantages contre les mêmes articles des fabriques étrangères.

Ce que je dis des manufactures, s'applique également à tous les genres de commerce et de navigation. Toute chambre de commerce devient, dans le lieu où elle est instituée, un observateur attentif, un juge éclairé, destiné à corriger le vice et à indiquer le remède. Elle est enfin l'œil du gouvernement, toujours ouvert sur les besoins et sur les entraves du commerce pour les remplir ou les faire disparaître.

S'agit-il d'un droit à établir, d'un impôt à créer, d'une prohibition à fixer, d'une permission d'entrée à accorder à tel article de manufacture étrangère, de la sortie à autoriser d'une matière première quelconque, les chambres de commerce deviennent en quelque sorte la partie publique, dont le vœu doit être écouté. Elles discutent, avec connaissance de cause ; elles expliquent leurs motifs et éclairent en tout tems les sollicitudes du gouvernement, qui doit d'autant moins craindre de se tromper, qu'il les aura plus consultées dans tout ce qui peut intéresser l'administration commerciale.

S'agit-il même d'un traité de commerce,

le ministre chargé de cette partie con-
sulte les différentes chambres ou conseils
de commerce , sur les intérêts respectifs et
locaux de chacune de nos grandes villes
commerciales ou manufacturières ; il fait
un appel utile aux connaissances pratiques
des négocians recommandables qui les
composent ; il ne néglige rien de ce qui
peut l'instruire ou le diriger. Aucun intérêt
n'est méconnu , aucun avis n'est rejeté par
lui : il les combine , il les compare tous
avec sagesse ; et fort de l'opinion générale ,
riche de leurs lumières qu'il a recueillies,
éclairé par leur expérience , il émet sans
crainte , comme sans danger, un vœu salutaire , destiné à prévenir les traités lésifs
que l'adresse de nos rivaux a si souvent
arrachés à l'indifférence ou à l'inhabilité
de l'ancien gouvernement.

Jadis quelques chambres de commerce ,
celle de Marseille, par exemple , avaient
des attributions et des droits qui leur
étaient affectés ; mais ils n'étaient que la
conséquence des charges dont elles étaient
grévées. Ces droits appliqués avec autant
de modération que de sagesse, et perçus

par une administration toujours paternelle, caractère que ne peuvent avoir les régies, étaient constamment déterminées par l'avantage du commerce qui n'avait jamais à s'en plaindre.

Les chambres de commerce avaient jadis une espèce de juridiction dont la salutaire influence prévint ou corrigea, en tout tems, les abus qui se fussent multipliés sans elles. Quelquefois elles jugeaient administrativement sur des matières qui n'étaient pas du ressort des lois ou des tribunaux. Mais cette surveillance, cette censure qu'elles exerçaient, n'avait rien que de moral, rien que d'avantageux au commerce ; leur correspondance toujours directe avec le gouvernement, garantissait, en quelque sorte, leurs déterminations ; et si, dans aucun cas, leurs décisions avaient, pu être arbitraires ou abusives, l'action de l'autorité aurait été prompte à les arrêter.

L'érection des chambres de commerce avait donc de grands avantages, et la plupart des droits qui leur furent attribués n'eurent jamais que l'intérêt général pour mobile ;

mobile; on ne saurait donc trop en desirer le rétablissement, quel que soit d'ailleurs le nom qu'on croira devoir leur donner.

On dira, sans doute, que l'institution des chambres de commerce n'est pas exempte d'inconvéniens; que chacune d'elles préférera l'intérêt isolé de sa propre ville, sans le co-ordonner à l'intérêt général du commerce; qu'il est possible que, dans telle circonstance donnée, quelqu'une veuille faire prévaloir ses avantages privés aux dépens de tous les autres, en s'appuyant des motifs spécieux; que sais-je? on ira peut-être jusqu'à dire que tels membres influant pourront contrarier, non-seulement l'intérêt général, mais même l'intérêt du commerce de leur propre ville, au profit de leurs spéculations privées, et arracher à la séduction des délibérations vraiment nuisibles au commerce.

Et quand cela serait, où est le danger? Les décisions d'une chambre de commerce sont-elles exécutoires? N'ont-elles pas besoin de la sanction de l'autorité? Leurs avis, avant toutes choses, ne seront-ils pas déférés au ministre dont elles relèvent, et au bureau de commerce placé auprès de lui? Ce bureau instruit sur toutes les parties du commerce, ne percera t-il pas le voile dont l'intérêt privé cherche à s'envelopper? Peut-on supposer que ses membres auront égard à des mémoires captieux par lesquels on voudrait séduire leur intégrité et leur expérience? Enfin ne mettra-t-il pas toujours en défaut leurs pièges insidieux, en jugeant les motifs, les intérêts et les convenances?

Le bureau général existe auprès du ministre de l'intérieur; mais, j'ose le dire, il ne suffit pas aux besoins du commerce et de l'administration; leur double intérêt commande l'établissement d'une section du commerce dans le conseil d'état. Car enfin, lorsque toutes les parties de l'administration, sagement pondérées entr'elles, y ont une section déterminée, par quel prestige inconcevable se fait-il que la partie aujourd'hui la plus importante, que la partie à laquelle se rattachent désormais tous les intérêts politiques, que la partie sur laquelle doivent se calculer tous les bénéfices pécuniaires, que le commerce enfin n'en ait point encore? Non, un bureau consultatif ne suffit point. Quelle que soit l'indépendance de chacun de ses membres, quelque importance que l'administration attache aux décisions qui en émanent, ce n'est point assez pour la hauteur de leurs fonctions; le theâtre qu'on leur laisse est trop resserré pour les intérêts qui doivent y être discutés. C'est au milieu de l'administration que leurs opinions doivent être émises et jugées ; c'est au sein du gouvernement qu'elles doivent être pesées : ils doivent être présens quand on discute les intérêts du commerce. Eh! qui parlera en sa faveur; qui fera valoir ses droits, si l'on décide tout sans l'entendre ; si en finance surtout on consacre les mesures sagement ou indiscrètement proposées, sans que le commerce soit présent pour arrêter leur action, quand elle peut leur être contraire? et l'occasion n'en est malheureusement que trop commune.

Mais les conseils de commerce, le bureau consultatif placé auprès du ministre de l'intérieur, tout nécessaires qu'ils sont, ne suffisent point encore au commerce. Il demande une administration centrale qui puisse le protéger efficacement et assurer ses succès. Qu'il me soit permis d'en démontrer la nécessité et d'en présenter les avantages.

SECTION II.

De la nécessité d'une Administration centrale du commerce : mode qu'il serait possible d'adopter.

EN général, le commerce se distingue par une grande homogénéité de principes ; mais les besoins du commerce particulier sont relatifs. Ils dépendent des tems, des lieux, des circonstances, des usages, de mille accidens qui peuvent altérer et même contrarier l'unité de mouvement et d'action qui doit toujours le diriger. Il est même des cas, où l'intérêt privatif peut aspirer à détruire l'harmonie générale, et à fonder, par des plans isolés, des profits clandestins usurpés sur le commerce même.

Il faut à la fois des vues profondes et une

grande expérience commerciale pour démêler des intérêts qui peuvent se nuire
et se croiser sans cesse ; pour deviner les
ressorts secrets qui déterminent les demandes et les réclamations privées; pour
saisir ce point si difficile où l'administration
devra s'arrêter dans les concessions à accorder, ou dans les refus à opposer aux prétentions privées: car l'on voudra bien ne
pas oublier que, dans le système général,
le commerce privé de chaque ville , de
chaque port , ne doit être compté que
comme l'unité l'est à l'ensemble.

D'autre part, le commerce extérieur,
dans la généralité de ses mouvemens, a
un point de contact direct avec les principales branches de l'administration.

1°. Il tient aux finances par le crédit et
la confiance ; par les impôts, dont l'assiette
gêne ou facilite sa marche; par le système
douanier, qui doit fournir aux restitutions
de droits , aux encouragemens, aux primes,
et dont le mode influe sur les succès et
sur les revers du commerce.

2°. Il tient à la marine par tout ce qui
est relatif à la navigation, à la course, aux

armemens par pavillon français et neutres, tant en paix qu'en guerre, au régime des ports, aux colonies et aux colonisations.

3°. Il tient aux relations extérieures dans tout ce qui regarde les consulats et les instructions qui en émanent, les conventions, les stipulations ou les traités de commerce ; car le mot ne fait rien à la chose, et sous des noms différens l'intérêt est le même.

4°. Il tient à l'intérieur par tout ce qui touche à l'agriculture avec laquelle il doit se fondre sans cesse ; par les manufactures dont le commerce extérieur est l'âme ; et par tout ce qui intéresse la circulation et les mouvemens intérieurs, que les mesures de l'administration doivent toujours favoriser.

5°. Enfin il tient à la justice, relativement aux tribunaux consulaires et à la législation commerciale, lesquels exigent une organisation particulière, élaguée des lenteurs des formes, sans cesser d'être conservatrice, et même pour tout ce qui peut nous intéresser dans les lois de commerce des états de l'Europe, avec lesquels nous sommes continuellement en rapport.

De cette complication d'intérêts, il résulte que le ministre de l'intérieur, ordonnateur principal dans tout ce qui tient à l'agriculture, aux manufactures et à la circulation de province à province, ne peut plus être régulateur unique des mouvemens du commerce extérieur.

Au défaut d'une section du commerce dans le conseil d'état, au défaut d'un ministère exclusivement affecté à cette importante partie, l'intérêt général exige et commande peut-être le rétablissement d'un intendant général du commerce, tel qu'il existait jadis. Il demande l'érection d'un conseil spécial qu'on pourrait appeler *administration intermédiaire*, ou bien, *chambre de direction du commerce de France.* Cet établissement, présidé par l'intendant-général, et sous son inspection, aurait pour but unique de centraliser l'action du gouvernement dans tout ce qui intéresse le commerce; de fondre les plans particuliers dans le système général; d'en démêler les points d'opposition et de jointure pour leur rattacher l'harmonie; et de rapporter tous les mouvemens, tous les intérêts, toutes les mesures, à un foyer commun, à un centre d'unité d'où tout doit partir, et auquel tout doit se rapporter, si l'on veut que tout s'enchaîne avec art, que tous les fils se correspondent sans se croiser ou se nuire, et qu'un lévier unique puisse imprimer le mouvement et la vie au commerce, sans que les divers rouages qui en compliquent le jeu fassent craindre ni frottement ni résistance.

Le commerce aurait droit de présence dans cet établissement; car, si ce n'est point à lui qu'il appartient de prononcer sur ses intérêts, il a du moins le droit d'éclairer l'autorité sur tout ce qui le touche; et sa marche a besoin du fil conducteur de l'expérience.

Il existe, il est vrai, auprès du ministre de l'intérieur un établissement formé sous le nom *de bureau consultatif du commerce.* Ce bureau, sans doute, a une grande utilité; mais, par son organisation même, il n'a et ne peut avoir cette foule d'avantages que devrait réunir une chambre de direction.

1°. Le premier de ses inconvéniens, c'est qu'il n'est point véritablement commercial,

et qu'il a un rapport plus direct à l'administration, aux manufactures et à la circulation intérieure qu'au commerce extérieur.

2°. La nature de ses rapports circonscrit
singulièrement ses atributions. Ne pouvant
presque jamais étendre sa sphère d'activité
au delà des limites de la juridiction du
ministère dont il relève, si les principales
parties du commerce ne lui sont pas précisément étrangères, elles sont du moins hors
de sa compétence.

3°. Sa dépendance nuit à ses avantages ;
ce n'est point un établissement national
ou fondé par le gouvernement. Regardé
comme une simple émanation des attributions d'un ministère, il ne sort point de
la classe des bureaux ; il ne peut ni ne
doit rien prononcer. Ses décisions, si
quelquefois il en hasarde, n'ont point ce
grand caractère, cette universalité de vues,
cet ensemble d'intérêts, de moyens ou de
plans, que l'administration commerciale
devrait comporter. Elles ne peuvent pas
même les avoir, puisqu'il n'est point attaché à l'administration générale, mais à
un simple ministère.

Examinons, d'autre part, les établisse-mens qui existaient sous l'ancien régime.

Il y avait des députés du commerce, des provinces, des villes et des colonies. Ils étaient au nombre de quatorze, et se réunissaient souvent en assemblées, soit pour émettre leur vœu, soit pour former des demandes qui devaient être soumises à la section du conseil d'état, dont ils dépendaient.

Cette institution avait une grande utilité pour les provinces ou villes qui avaient des députés. Chacune d'elles était à-peu-près sûre que toute mesure, tout plan adopté, ne contrarierait point les intérêts de son commerce, parce que son député avait droit de présence ou de représentation sur ce qui pourrait lui être contraire. Quelquefois les mesures du gouvernement étaient adoptées sur la demande formelle des députés qui les réclamaient, pour l'avantage des villes qu'il représentaient. Enfin quelquefois leur réunion concourait à déterminer les mesures à prendre par l'administration.

Ce triple but de leur établissement produisait, sans doute, de très-bons effets, mais ces députés appartenant spécialement, on peut même dire exclusivement, au commerce isolé de la ville qui les avait nommés, n'étaient point les hommes de l'état; mais chacun d'eux ne travaillait, ne sollicitait que pour la place qu'il représentait, et dont il cherchait toujours l'intérêt privatif. Plus d'une fois, il pouvait méconnaître l'intérêt général du commerce et le lui sacrifier. Dès-lors point d'unité, point d'ensemble : et tandis que le commerce privé était suivi avec persévérance, le commerce général était abandonné à une fluctuation dangereuse, et parfois immolé à des intérêts qui n'étaient pas les siens.

On dira peut-être que la collection de tous les députés en assemblée devait prévenir les manèges de l'intérêt privé ; ce serait une erreur de le croire. Ils n'étaient d'accord sur les mesures à prendre pour le bien général, qu'autant que l'intérêt particulier de chacun d'eux n'était point lésé ; un accord tacite les empêchait de se nuire respectivement. Le crédit ou l'habileté faisaient le reste ; et l'on sait que les députés que les villes choisissaient étaient en général des hommes habiles, et profondément versés dans la statistique commerciale de leurs places respectives.

Tel est le double danger auquel les institutions anciennes ou nouvelles, peuvent exposer le commerce de l'état, pris dans son acception absolue.

Ces motifs suffisent, sans doute, pour déterminer l'établissement d'une *chambre de direction*; et les avantages qu'elle offrirait sont incalculables, soit dans sa formation, soit dans ses fonctions, soit dans ses résultats. Qu'il nous soit permis de les analyser briévement.

1°. *Mode de sa formation.*

L'administration de la France n'est plus soumise à des formes restrictives, ni à des modifications dépendantes des privilèges ou usages des anciennes provinces. Son régime, le même par - tout et pour tous, a acquis une unité qui est un des grands bienfaits de notre nouveau système.

Ainsi en commerce, on n'aura plus à

s'occuper des droits privatifs , mais de l'avantage commun de tous les départemens. Si parfois on est obligé de prendre des mesures particulières, elles ne tiendront plus qu'aux localités, aux circonstances et aux motifs généraux qui les auront déterminées; et toujours elles se rattacheront par le but à l'intérêt général.

Dans la chambre de direction , il y aura à consulter l'intérêt du commerce extérieur et celui du commerce intérieur , tous deux réunis par les résultats, mais différens par les moyens : ces deux mobiles seront les seuls élémens de la chambre de direction.

Les divers membres qui la composeront seront exclusivement pris dans ces deux ordres de commerçans.

Mais, comme en aucun cas ils ne peuvent appartenir qu'au gouvernement et jamais au commerce privé d'aucune ville, une mesure de prudence conduirait à ne les choisir , dans les places respectives, que parmi les négocians retirés des affaires, pour que , sous aucun prétexte, l'intérêt public ne fût immolé à des vues particulières.

Ils ne relèveraient absolument que du gouvernement, du conseil d'etat et de l'intendant général, lesquels pourraient seuls approuver ou infirmer les décisions qu'ils auraient prises en assemblée générale, et qu'ils ne pourraient prendre que là.

Ce n'est point sans motifs que l'on affranchit les opérations de la chambre de l'autorité des ministères existans. Etant en quelque sorte la régulatrice de l'action du commerce français, et ayant des rapports avec cinq ministères, elle ne pourrait être subordonnée à aucun d'eux en particulier, sans nuire à l'harmonie générale et sans multiplier les rouages et les frottemens ; elle ne pourrait l'etre à tous sans neutraliser le bienfait de son institution.

Il ne m'appartient point de fixer le nombre de membres dont la chambre serait composée : mais il doit du moins m'être permis d'indiquer les points principaux, tant pour le commerce extérieur que pour le commerce intérieur et les manufactures.

Trois seraient surtout indispensables pour le commerce extérieur ; ils pourraient etre choisis, le premier, à Bordeaux, pour le commerce des côtes et des colonies; le second, à Marseille, pour le commerce de la Méditerranée, du Levant et de la mer Noire; et le troisième, à Anvers, pour le commerce du Nord et pour les pêches. Le gouvernement y joindrait ceux qu'il croirait nécessaires relativement aux autres ports. Parmi les membres du conseil appelés à veiller au commerce intérieur, il serait indispensable d'en choisir un à Lyon, un autre à Rouen, pour les manufactures respectives de ces deux places, et des autres qui se livrent comme elles à la fabrication. Les départemens du Nord en réclameraient également un pour leurs fabriques de drap.

Si l'on n'en indique point pour les manufactures du ci-devant Languedoc, c'est que, n'ayant en quelque sorte d'action et de débouché que par Marseille, le membre choisi dans cette place pourrait suffire à leur intérêt. On n'a d'ailleurs prétendu qu'indiquer les points importans, sans avoir la prétention de les fixer d'une manière absolue.

D'autre part, l'établissement du conseil

de direction n'empêcherait point les diverses places d'envoyer ou d'entrenir des députés à Paris, s'ils pouvaient le croire utile à leurs intérêts; et ils jouiraient à cet égard de la même liberté que par le passé.

2°. *Genre de ses fonctions.*

Le conseil de direction étendrait sa sphère d'activité à tout ce qui pourrait intéresser le commerce. Il donnerait son avis motivé sur les opérations et les plans du bureau consultatif : il éclairerait le gouvernement sur les intérêts qui auraient déterminé les demandes des divers conseils de commerce , et sur leurs avantages ou leurs dangers : il établirait une correspondance exacte avec tous les commissaires de relations commerciales dans l'étranger. Par lui - même ou par d'autres moyens, il s'instruirait des lois et usages du commerce, dont les variations, chez les diverses nations, portent souvent des préjudices si considérables à ceux qui les ignorent ; il analyserait surtout les droits douaniers des états étrangers, pour voir dans quel cas il conviendrait

drait d'adopter les uns, de nous régler
d'après les autres, d'amplier ou de modifier nos tarifs dans une juste règle de
réciprocité, en tant qu'elle ne nuirait pas
à l'intérêt de notre balance. Il réunirait
enfin le dépôt de toutes les lois commerciales et maritimes de tous les états de
l'Europe.

Instruit le premier des changemens sur-
venus dans toutes les branches de commerce qui sont susceptibles de modification
ou d'extension, fait pour en juger les causes
et les effets, par l'expérience qui lui aurait
rendu familiers tous les mouvemens commerciaux, il serait plus à portée de simplifier la
marche, de corriger les abus et d'élaguer tous
les obstacles, dans une profession pour laquelle les entraves sont trop souvent mortelles.

Dans les villes d'entrepôt il aurait des
avis positifs et une correspondance toujours
active pour connaître, d'une manière précise, les causes de préférence ou de défaveur
de divers articles chez les étrangers, dans
l'espoir de conserver, d'accroître l'une et
d'anéantir l'autre, par de nouvelles mesures

et souvent par la moindre précaution , dont l'oubli suffit seul pour causer de grands dommages.

Les membres du conseil pourraient , dans leurs parties ou divisions respectives , faire des tournées dans les départemens et dans les places diverses, pour recueillir , sur les lieux , les avis , les documens , les réclamations utiles. Riches des lumières et du dépôt des faits qu'ils auraient rassemblés , leur retour serait constamment marqué par les améliorations qu'ils auraient faites, dans tout ce qui ne serait que réglementaire ou provisoire. et par les nouvelles mesures qu'ils proposeraient au conseil et de là au gouvernement.

Je ne présente ici qu'une esquisse légère de leur utilité, mais le texte suffit pour fournir une abondante matière.

3o. *Ses effets.*

Le premier des effets que produirait le conseil de direction serait de fournir au gouvernement l'avantage d'avoir auprès de lui un bureau spécial qui n'appartiendrait qu'à lui seul et qui n'aurait en vue que l'intérêt de l'état, pour lequel seul il aurait été institué.

Les membres divers seraient bien choisis, il est vrai, parmi des négocians ayant appartenu à celles de nos grandes places qui sont régulatrices de nos différentes branches de commerce ; mais, n'étant plus dans les affaires, le gouvernement n'aurait presque plus à craindre que des vues privées contrariassent le commerce général. N'étant plus les députés d'une telle place , mais les délégués du commerce français dans un sens absolu, il n'aurait plus à redouter des motifs de préférence; les plans particuliers disparaîtraient ou n'auraient lieu qu'autant qu'ils seraient co-ordonnés à l'avantage de notre balance générale.

Ils ne seraient plus ni négocians ni députés de telle ville. Investis d'une magistrature de confiance, leur premier devoir, sans acception d'intérêts, de lieux et de personnes , serait de remplir avec intégrité les fonctions délicates qui leur seraient attribuées.

Le gouvernement obtiendrait d'eux l'avantage inappréciable de ne jamais flotter entre des intérêts opposés dans les mesures à prendre ; car leur expérience commerciale serait le premier garant des plans, des réformes et des améliorations qu'ils proposeraient : et lui-même jugerait d'un coup-d'œil les rapports, les résultats des diverses branches du commerce et leur ensemble.

On demandera, sans doute, pourquoi la chambre de direction serait exclusivement composée de citoyens ayant appartenu au commerce ?

Je réponds que, quand il s'agit de prononcer sur ses intérêts, le commerce, lui seul, doit être consulté.

Je réponds que, si, dans quelques circonstances rares, les intérêts de la marine militaire, et dans des occasions plus fréquentes, les intérêts des finances peuvent contrarier les siens, la marine et les finances sont parties entendues au conseil d'état, tandis que le commerce ne l'est pas : il importe donc que le gouvernement soit toujours en mesure de prononcer avec connaissance de cause.

Je réponds, enfin, que, quand l'autorité qui décide ne tient point au commerce, il est indispensable d'entendre celui-ci sur tout ce qui le touche , et de le laisser libre dans ses droits.

Le commerce n'est point une science conjecturale. Il obéit à des lois positives , à des habitudes pratiques. Les plans économiques et l'expérience doivent agir et réagir sans cesse l'un sur l'autre et se prêter un mutuel secours. Si l'un s'élève aux grandes vues d'état et aux plans les plus vastes , l'autre assure les systêmes et en prévient les dangers. Si l'un s'élance avec rapidité , l'autre dirige sa marche dans des routes difficiles et qui lui sont familières. Leur réunion corrige et prévient les erreurs; elle élague les difficultés théoriques et enhardit la pratique timide. Enfin , la science économique et l'expérience sont au commerce , ce que l'imagination et la mémoire sont à l'esprit humain. Ces deux agens ne peuvent rien l'un sans l'autre , et leur concours fait concevoir et exécuter les plans les plus difficiles.

Par le moyen d'un conseil ainsi composé, le gouvernement, assuré de ne pouvoir être induit en erreur par des plans qui auraient été épurés dans le creuset de l'expérience, pourrait saisir jusqu'aux moindres détails qui, nécessairement, échappent à l'homme d'état et souvent l'embarrassent. Enfin, si à lui seul il appartient de concevoir les grands systêmes commerciaux et les plans étendus qui conviennent à un état tel que la France, il verrait les membres du conseil de direction, ouvriers habiles dans la science des détails, concourir à la formation et à la perfection du grand édifice qu'il aurait conçu , et qu'eux seuls peuvent l'aider à exécuter.

Cette utile institution une fois adoptée, c'est dans son sein que se préparent , que se mûrissent les discussions qui peuvent intéresser le commerce. C'est d'après ses avis, sur ses opinions que ces intérêts sont réglés et jugés, soit par l'intendant général , soit par le conseil d'état , autorité suprême qui courra d'autant moins le risque de se tromper , qu'elle aura réuni un faisceau de lumières, propre à la rassurer contre toutes les erreurs et contre tous les plans privatifs.

Alors les conseils de commerce n'offrent plus de dangers à côté de leurs avantages.

Leurs avis, leurs mémoires, leurs réclamations sont pesés d'abord dans la balance de l'intérêt général, ensuite dans celle des intérêts respectifs et individuels des différentes places auxquelles on n'accorde les droits, les exemptions qu'elles réclament, qu'autant qu'ils sont utiles au bien général ou qu'ils ne peuvent le contrarier. Les avantages isolés que les développemens du commerce particulier à chaque ville exigent, sont admis ou rejetés par la chambre de direction, qui peut seule déterminer les attributions ou modifier les droits, sans altérer néanmoins l'unité du régime commercial; car, si ce régime est un et absolu, son but est rempli toutes les fois que chaque place et chaque branche de commerce ont rendu à l'état la plus grande somme de bénéfices possibles.

CHAPITRE XX.

CONCLUSION.

Enfin, la tâche que je m'étais imposée est achevée. Je suis bien éloigné, sans doute, d'avoir rempli le but que j'aurais voulu atteindre ; mais j'ose croire au moins que j'ai ouvert une vaste carrière aux réflexions de l'homme d'état et des écrivains dont la prospérité de l'état enflamme la généreuse émulation.

Dans tout ce que j'ai dit, je n'ai eu en vue que l'intérêt du commerce ; mais, timide dans mes opinions et circonspect dans mes systêmes, j'ai subordonné les uns et les autres aux exemples et aux leçons pratiques : j'ai profité de tous les avis ; je me suis entouré de toutes les lumières ; j'ai surtout consulté des négocians éprouvés par de longs travaux, dans cette science utile. Quand j'ai osé attaquer un systême ou combattre une erreur, j'ai tâché d'en démontrer les dangers, à l'appui des faits que j'ai cités : quand je me suis permis d'indiquer un mode nouveau comme plus favorable, j'ai tâché de l'appuyer par des preuves et par la démonstration : l'exemple a toujours été le fil conducteur que j'ai cru le plus propre à ne point m'égarer dans le labyrinthe si compliqué des intérêts commerciaux, lesquels se composent d'une foule d'intérêts particuliers, toujours indépendans, et quelquefois opposés, qu'il m'a fallu co-ordonner à un système comme à un but unique.

Je n'ai qu'à peine effleuré cette importante matière, objet unique aujourd'hui des méditations des hommes d'état. Dans cette utile recherche, combien de choses me sont échappées ! combien d'autres que j'ignore et dont j'ai dû m'abstenir de parler ! Aiguillonné par le desir du bien, j'ai moins consulté mes forces que mon zèle, et en offrant ce faible tribut à mon pays, c'est un devoir que je remplis.

Devant me tenir en garde contre ces systêmes brillans qui flattent d'autant plus l'imagination, qu'on peut les embellir d'un stile fleuri ou animé; devant me renfermer dans la discussion sèche et méthodique du commerce positif et matériel, on daignera peut-être me pardonner des longueurs et même des répétitions malheureusement nécessaires dans une matière sur laquelle il vaut mieux dire trop que trop peu.

Enfin, regardant avec raison le commerce comme la source vivifiante de la richesse de l'état, et les négocians comme les premiers agens de sa puissance, j'ai considéré le commerce, de nos jours heureux rival de l'agriculture, comme la plus honorable des professions sociales. Les sots préjugés dont notre France n'osait pas même se défendre au milieu même des connaissances du 18e. siècle; ces préjugés, enfans d'une vanité féodale et mesquine, dont nos voisins ont su s'affranchir avant nous, ne gêneront plus ni les efforts, ni les développemens de cet art protecteur. En vain des détracteurs ont essayé de reprocher au commerçant d'avoir renversé les résultats naturels que le commerce devait produire;

en vain ils supposent que l'esprit mercantile rétrécit les âmes, que l'esprit du commerce est appelé à agrandir ; en vain ils
pensent que le négociant, plus encore que
tout autre citoyen , se fait le centre de toutes les lois. Que peuvent prouver ces accu-
sations indiscrètes ? Que tous les individus
qui exercent la profession même la plus
respectable, ne sont pas tous également
dignes des nobles fonctions auxquelles l'intérêt social les appelle ; que les hommes
qui cherchent trop à s'isoler, ne sont pas
de vrais négocians et peuvent méconnaître
et peut-être outrager leur profession sans
en altérer la noblesse ; car, de nos jours,
par les immenses intérêts qu'il embrasse,
et par les. grands effets qu'il produit, le
commerce peut, jusqu'à un certain point,
être regardé comme l'une des premières
magistratures sociales.

Si l'on arrête un moment ses regards sur
l'homme précieux qui exerce cet art bien-
faiteur, source de la civilisation et de nos
jouissances, on le verra constamment occupé des moyens propres à les varier et à

les accroître encore. Noble soutien de la pauvreté laborieuse, il dirige ou il crée les travaux industrieux ; il peuple les ateliers et les manufactures ; il couvre les mers de vaisseaux et de marins ; il multiplie toutes les occupations utiles, et par lui, le gouvernement ne craint jamais que l'excès de la population puisse devenir ou un fardeau ou un danger pour l'état. Le crédit que son nom inspire et la confiance que son seing commande entretiennent ou rétablissent la circulation si nécessaire dans une nation puissante, ravivent tous les canaux de la prospérité publique, raniment le crédit languissant, rendent à l'état les richesses que les malheurs ou la guerre ont fait perdre, et offrent des ressources toujours assurées et toujours puissantes aux besoins du gouvernement.

Le négociant, si on le considère isolément, n'offre peut-être pas de moindres avantages.

Tourmenté par cette énergie naturelle qui dévore son esprit ambitieux ou inventif, le commerce le pousse aux tentatives et aux

expéditions lointaines, les plus hasardeuses,
ne sont même jamais inutiles pour l'état.
Toutes les sources de richesses lui sont ou-
vertes; l'univers est son domaine. Au défaut
de l'amour de la gloire, l'amour des jouissances est son stimulant, et l'or qu'il aspire
est anobli par le travail opiniâtre qui le lui
procure. Quels que soient les motifs qui
l'animent, l'intérêt de l'état s'associe à toutes
ses opérations et à toutes ses entreprises;
il profite de ses succès et même de ses revers; et l'on ne peut fermer les yeux sur
les biens que le négociant procure aux
hommes et à la société même en ne s'oc-
cupant que de lui.

C'est à ce titre qu'on ne peut trop solli-
citer en sa faveur la protection et les encouragemens que l'état lui doit en tout tems.
C'est du moins ainsi que je l'ai vu et que
j'ai dû le voir. Si je me suis abusé, c'est avec
toute la sincérité d'un citoyen ami du bien:
je n'ai, sans doute, point atteint le but, mais
j'ose me flatter de l'avoir entrevu : je laisse
à d'autres le soin de remplir cette tâche
honorable que je n'ai fait qu'indiquer, et

sans fausse modestie comme sans envie, j'applaudirai à leurs succès et je leur rendrai grâces d'avoir fait mieux que moi.

F I N.

TABLE

DES MATIÈRES

DU TOME TROISIÈME.

Fin de la Table.

ERRATA

DU TOME TROISIÈME.

Page 3 , ligne 18, de sortie ou de consommation ; *lisez* : ou de sortie; *effacez* ou de consommation.

Page 17 , ligne 7, du conservateur , *lisez* : du consommateur.

Page 27 , ligne 21 , toute la denrée , *lisez* : toute denrée.

Page 49, ligne 18, à 12 fr. par quintal , *lisez* : à 18 fr. par quintal.

Page 80, ligne 24 , un droit trois beaucoup , *lisez* : un droit beaucoup.

Page 92 , ligne 1 , de se *lisez* : de le.

Page 95 , ligne 21 , telle restitution , *lisez* : cette restitution.

Page 107 , ligne 19, à leurs , *lisez* : à ses.

Page 208 , ligne 12 , se continuent , *lisez* : se combinent.

Page 251 , ligne 11, s'ils sont soumis à son utile inspection. S'ils déchargent l'état. *lisez* : s'ils sont soumis à son utile inspection , elle décharge l'état.

Page 262 , ligne 14 , ne m'en parut, *lisez* : ne me parut.

Page 313, lignes 18 et 19, que cet établissement ait lieu, *lisez* : que ces établissemens aient lieu.

Page 320 , ligne 3 déterminées , *lisez* : déterminés.